No esta permitida la reproducción total o parcial de esta obra ni su tratamiento o transmision por cualquier medio o método sin autorización escrita de la autora.

Juana Guerra Henríquez
© RGPI: Barna. 02/2004/348
Depósito legal: G. C. 165-2004
ISBN: 84-609-0786-4

Diseño de portada: J. Ramos Henríquez

Ilustraciones: Juana Guerra H.

Imprime:

artes gráficas *Pedro Lezcano*
Ángel Guimerá, 53 - bajo. Tel.: 928 244 862
35004 Las Palmas de Gran Canaria

Impreso en España - Printed in Spain

JUANA GUERRA HENRÍQUEZ

ROMPIENDO
CREENCIAS
DE MUJERES

Las Palmas de Gran Canaria 2004

Agradecimiento:
especialmente a las mujeres que
entrevisté para poder escribir éste libro;
al recuerdo de mi madre, Juana Henríquez Quintana;
a mi familia, destacando a Eloisa,
a Rosalía, a Maribel, a Carli,
a Florentina, a Flora y a Isabel;
a las innumerables amigas cuya imagen
pasa por mi cabeza y que aquí
no están sus nombres,
solicitando su perdón por
sí no he sabido expresar toda la realidad
de su cruel verdad.
Declaro que con paciencia y tolerancia
e intentado plasmarla con el mayor realismo.

Juana Guerra Henríquez,
nacida en Arucas (Gran Canaria)
y residente
en Barcelona (Catalunya)

Prólogo

Un viaje de reposo y descanso puede ser una ocasión de apertura mental profunda. Mientras, descansas y recobras tus fuerzas físicas, la autora Juana Guerra Henríquez no puede olvidarse de los cambios que la sociedad ha conseguido y emprende la tarea de escribir su segundo libro, dirigido a la necesidad que tienen las mujeres de su adaptación psicológica a las nuevas realidades, a partir del amor que no se tienen ellas mismas. El libro, titulado: ROMPIENDO CREENCIAS DE MUJERES, nos describe, con ironía y humildad, las ideas que la autora ha ido recopilando a lo largo de su vida en este tema, y su gran preocupación por la situación de las mujeres en la actualidad.

Este libro es diferente. Es un estudio de la injusticia y del sometimiento, en todos sus límites, de la condición de las mujeres, es, por tanto, un libro de denuncia y de protesta a la utilización de las mismas. Es una protesta a una historia que los poderes han ocultado con engaño, una historia vivida desde niñas vinculadas a esta violencia consentida por el poder de turno con fines coactivos. Como mujeres quieren saber con firmeza, no con medias tintas solapadas, por que han querido someterlas, quieren una nueva vida con claridad, quieren un grito de libertad y renovación cultural iniciado por ellas mismas que son las afectadas por los poderes dominantes que aún intentan atropellar su dignidad, con engaños y desprecios en el vocabulario, y en la educación, para humillarlas y confundirlas. La autora termina haciendo esta reflexión: No esperes que tengan compasión de ti mujer, da tú estos pasos, de lo contrario todo lo que prosperará son intereses y ganancias sin el reconocimiento de tu esfuerzo, bajo la opresión de unos poderes que niegan tus derechos, utilizando tu amor a los hijos para la gratuidad de tu trabajo.

Fernando Medina Guerra.
Profesor de EGB

Las Palmas de Gran Canaria, Abril 2004

EL AMOR QUE NO NOS TENEMOS LAS MUJERES,
LAS HERIDAS QUE NO SE VEN A LA VISTA

Debido al ambiente de cerco y acoso a la mente de las mujeres, me he decidido a escribir este libro porque ha habido una estudiada estrategia para adormecernos, desde la niñez y a través de la adolescencia, tarándonos de por vida; indefensas para utilizar la justicia contra los malos tratos psicológicos y sin aparentes heridas a la vista, humilladas, y esta aceptado por ellas mismas, en indefensión por no haber un daño demostrable. ¡Mujer, no vuelvas a retroceder, no dañes más tu autoestima!. Por eso este libro es diferente: lo creo muy necesario por las injusticias que descubre, encerradas, solapadas, como en un secreto, la condición del género femenino.

Quiero denunciar la injusticia que se proyecta sobre la psicología femenina, desde los sectores públicos destructores, y la violencia en la educación del género masculino, consentido desde el poder de turno y trasmitiendo a los niños esos trastornos para todos enfermizos. Quiero un grito de vida y renovación cultural y resistir frente a este escondido mal de injusticia y tortura.

Juana Guerra Henríquez.

Reflexión:
Siempre que escribimos es por algo que nos impulsa, pero lo que no debemos hacer es guardarlo sin darle vida.

EN LA PRIMERA CARTILLA
PLASMAN TU DESTINO ¡MUJER!

Los libros de texto son, guías para amilanar.
Con las/os niñas/os como destino
en los brazos de su madre aislada
sin colaboración psicológica del padre.
"Mi mamá me ama", sentada en la cocina
su padre no aparece.
No quiere involucrarse
¡Y qué maravilloso sería unirse!.

Empiezan en la primera cartilla,
diseñan tu camino sin consultarte.
Con las muñecas de Reyes
tu destino van labrando
guiándote tu vida.

Te marcan tu trabajo desde niña
que tu cerebro aprueba inconsciente,
sentiste la falta de afecto cariñoso
que tu padre no te dio, por otros intereses.

Para el hombre, otros proyectos evolucionan,
otra valoración de no igualdad.
¿Cómo quieres que colaboren?
si el artículo catorce de la Constitución
es papel ignorado para ellos.

Si ellos no la conocen y la leen a regañadientes,
niegan que mujeres y hombres sean iguales en derecho
y si hay alguna colaboración
a tí casi sin aprobación,
ya te han destinado el trabajo impuesto.

COARTANDO TÚ LIBERTAD DESDE LA CUNA

Fábricas y comerciantes
con los poderes dirigiéndote,
compartiendo los tejidos empresas negociantes
 con cocinitas y calderos para así guiarte.

Cuando empiezan los juguetes
a distinguir tu persona,
las estructuras sociales
ya te quieren poner mona
con las modas a ti orientadas.

Las muñecas y utensilios,
la encerrona con tu sensibilidad utilizada
para comercio sacar gananciales,
todo bien organizado
para tu persona utilizar
sacando grandes intereses,
utilizando tu persona desde niña
te empiezan a manejar sin consultar.

Con una educación mansa
sin espíritu crítico vas asimilando sumisa
nunca te has puesto a pensar que te están condicionando
y así en tu mente van implantando sus intereses.

Y la madre muy contenta involutiva,
no se conmueve por nada
con casi la mente paralizada
y así misma no piensa criticar su derecho a elegir
que ya ha sido controlada
por una educación interesada.

ADORMECIDA MI MADRE

Mi cuerpo tiene atendido
pero mis intereses ignora,
los tiene como perdidos
y en un bosque los devoran,
ella se encuentra indefensa,
no quiere profundizar
y su mente obstruida
se bloquea cada vez más.

Todo parece un secreto
y su niña va creciendo
feliz y muy hermosa
y su futuro van tejiendo.

Dirigida por los poderes
ella inocente creciendo,
ya su madre con dolor
todo lo va comprendiendo.

Y en los libros de texto,
dirigida su historia, está anulada
pronto ella empieza a comprender
que su libertad es destruida,
que está viviendo coartada
en una trampa bien pensada.

LA ADOLESCENCIA EN FRUSTRACIÓN

Su cuerpo se desarrolla humildemente
y empiezan las contradicciones,
no sabe como se desenvuelve
y aceptando las frustraciones.

La educación limitada por intereses
con represiones secretas de intolerancia,
y va dando barquinazos inseguros
su madurez incompleta, sin orientar sus horizontes.

Empieza el cuerpo a sufrir confusiones,
y sin saber lo que pasa
todo el mundo la reprende,
y que no salga de su casa.

Y su madre moldea a la niña
para que cumpla sus directrices,
que todos los organismos
desde la cuna la han predestinado,
para cumplir el intrusismo.

Y la niña bloqueada
no sabe a quien obedecer,
la necesitan los organismos existentes
para a empresas grandes enriquecer,
ama de casa tiene que ser
y con su trabajo al país enriquecer.

Y LOS ESTUDIOS AVANZANDO

Ella en su interior tiene grandes frustraciones
que tiene que obedecer sumisa
y aunque sean traiciones
tarde empieza a comprender.

Que hay muchas negociaciones
que la quieren alinear,
ahí empieza la batalla abismal.
Nadie le quiere explicar
lo que le interesa pensar
para ocultar intereses con su caudal.

Le cortan la libertad a la adolescente
para ir moldeándola,
si alguien no la despierta
la siguen utilizando.

Lo estudios atrasados,
sin valorar, por el bloqueo mental
¡deja los estudios niña!
Ya tú te puedes casar,
hace falta procrear,
gratis vas a trabajar.

Con tu cuerpo utilizado mujer
para el consumo enriquecer,
eres figura de cañón,
tarde empiezas a comprender
el engaño del poder.

PORQUE ERES UTILIZADA Y SIN PAGA MUJER

El ochenta y cinco por ciento
de las mujeres están muy utilizadas,
los poderes políticos,
muy engañosos, sin valorarlas,
las tienen bien atrofiadas
y la mente bloqueada.

El negocio ha conseguido, su triunfo
está muy bien estudiado
que trabajas en secreto
con valentía y no estás remunerada.

Te empiezas a procrear muy niña
con una explotación marginal,
que parece que tienes una gran suerte,
así te lo han hecho pensar
si te vas a emparejar.

Cuando vas avanzando hacia el futuro,
a una mayoría de edad,
no tienes por donde salir
y empiezas a cavilar,
ahora te quieres despertar.

Ahora, empiezas a sufrir en la adolescencia,
al verte tan coaccionada indecisa...
y empezando a comprender
la deslealtad del poder
que te tenían engañada
y ahora te ves obligada
a consentir, a callar y a no cobrar.

CON UN NEGOCIO GRANDIOSO Y UNA GRAN ENCERRONA

Y en el mismo trayecto tuyo las siguen utilizando,
empiezan a utilizar tu destino
porque esto es un enredo
que hay que desenredar también contigo.

Todo está muy callado, socarrón,
es un negocio grandioso
que críes toda la prole
sin descanso ni reposo,
es un ahorro para el país
un capital muy valioso

La mujer utilizada en la infancia
para enriquecer el país
por unas ideologías represoras
estudiadas para tí mujer.

Con un bloqueo enfermizo, de sumisión,
te tienen mujer atrapada,
tu estás muy agradecida,
te crees que no vales nada.

En una finca encerrada
con un trabajo no remunerado,
con un bloqueo mental reforzado,
con un tormento de trabajo asignado,
y cortada la más mínima libertad,
a servir y a callar, empiezas a protestar.
¡Nunca es tarde para cambiar mujer!

OCHO MILLONES DE TRABAJADORAS EN LAS CASAS

Y sin un euro cobrar y con ansias de libertad,
enriqueciendo al país con tu trabajo
y con derecho a protestar, empiezas a cavilar
que desde niña destruyeron tu mente
para poderte adornar y no darte opción a pensar.

Seguro que las mujeres no ven bien tu libertad,
mucho te van a criticar.
Con el bloqueo desde niñas
ahora no se atreven, tienen miedo a despertar
no discurren ellas mismas, te empiezan a discriminar.

Con la resignación mental, mujer,
por la educación destructora,
te sientes agradecida
por estar en una casa escondida.

Y tu madre, agradecida y masoquista
porque estás en un albergue.
Y ella se desploma acomplejada
si dices que ya no puedes seguir hospedada.

Ella quiere que resistas el tormento,
la explotación de tu persona
tiene la mente bien destruida
y te creen una desertora.
Tu madre no quiere que pienses
en renovar tu vida..

EL RECONOCIMIENTO DE LA MUJER EN LOS LIBROS DE HISTORIA, ES CASI NULO

La mujer no tiene historia clara,
no recogida con esmero ni sensibilidad
y se oculta su valía con impunidad,
¡es que hay miedo a que aflore su capacidad!

Es tan grande el sufrimiento
que han ocultado su pasado
con una tirantez enfermiza
que en la historia han ido vetando.

Con una visión histórica de tí, mujer,
pensando la trayectoria,
has sufrido un desprecio
porque han reprimido tu memoria.

No se puede ocultar la inteligencia,
anulando a las mujeres en puestos inteligentes.
El sufrimiento está en el ambiente
negándoles los poderes
para desarrollar su talento.

Un desprecio
que ella siente en secreto
en la atmósfera de cada día,
álgida, hostil,
va minando la convivencia
en todos los estamentos
con tremendas groserías.

PARA ENTORPECER TU PSICOLOGÍA

La discriminación y atropello y con expulsión
de la Real Academia de la Lengua implicada,
consintiendo ciertos vocabularios ofensivos
y en la infancia consentidos destructivos
para tenerte disminuida y no implicada a ti mujer.

La historia de las mujeres a descubrir ya,
es doloroso pensar que quede impune
que en casi todos los campos culturales
te intentan sacrificar tu intelecto.

Y así, casi consiguen implicarte
y tú, con la mente atrofiada de impotencia,
cuando empiezas a crecer,
te ves bloqueada, ensimismada y pensando.

Y las mujeres asustadas, horrorizadas,
esto no quieren descubrir
y casi disfrazando la realidad
empiezan a luchar con un sufrimiento secreto
notando un rechazo manifiesto.

Tu inteligencia, solapada por ser mujer.
La malversación por tener miedo oculto a tu inteligencia,
te quieren arrinconar tus derechos con demagogia,
negándote el bienestar cultural y armonioso,
tienen los poderes miedo a que puedas despertar.

LA EDUCACIÓN INTERESADA EN EUROS

La solidaridad con las mismas mujeres es nula,
es casi de terror y desprecio a ellas mismas
por el poder inculcado todo distorsionado
y los poderes públicos se implican dispersando
y nos van buscando un rumbo desviado.

Se refugian en otras relaciones más valoradas,
con un sufrimiento secreto
que ellas mismas no saben descubrir
y con un sufrimiento de años, pensando su porvenir.
Vamos a estudiar de que forma de este gueto salir.

Las mujeres perplejas, otorgando sí no te desprecian.
Las mujeres siempre han estado huyendo del desprecio
que más de la mitad de la sociedad ha sembrado concientemente
que siempre han utilizado como si fuera un derecho.

Si estudias, casi olvidas el título laborioso
de tu trabajo intelectual
primero son los de siempre, es una forma de maltratar.
Esta forma los empresarios la hacen conciente
y esta formula no está recogida en la Constitución
pero no hay testigos que descubran para valorar esta desazón.
¡Psicológico y enfermizo desprecio por ser mujer!
Esta malversación y el maltratador
es un secreto al descubierto.

CON EL MALTRATO DEL VOCABULARIO

El daño es enfermizo y encubridor,
comprendes la desazón
que estás sufriendo desprecios
hiriendo tu corazón.

Esta niña inocente coartada
y así va creciendo confusa.
Cuando llega a cierta edad
luego lo va comprendiendo
y empieza a deliberar.

Luego abres el libro de historia
que te quedas anonadada
al comprender que tu historia está casi borrada
que te anulan un derecho a tu propia historia
y que te dejan aplastada pensando.

Tu historia está borrada mujer
por los mismos intereses ya dichos,
unas cuantas sobresalientes
y tú te quedas pensando
¿por qué la historia nos oculta a esta gente?.

Tu madre, encubridora inconsciente
sumisa por el miedo a discutir
que ya está atormentada
y se prefiere morir.

LA MADRE ENCOGIDA ACEPTANDO

Algunas mujeres triunfadoras
también se suelen callar
si las notan reivindicativas
ya las quieren arrinconar.

Se hacen las inocentes
para poder subsistir
no se les esconde el ambiente morboso
¡Anímate valiente a descubrir
para este tormento derruir
valórate antes de morir!

Y al llegar a la madurez, la chica,
todo se le viene abajo.
Desde niña te engañaron
para negarte el trabajo remunerado y liberador.

Así, tienes que colgarte con desilusión de un amo,
del primer trabajo no remunerado
para meterte en la red del negocio del país.
Bien estudiado del trabajo no pagado.

Tu madre, sumisa y abrumada de aceptar
quiere que seas muy mansa y masoquista
y con su bajo nivel cultural,
la madre asustada está en su casa
si tu vas a reinvidicar.

LAS AGRESIONES PSICOLÓGICAS E INCOMPATIBLES

Es evidente que esto se está tratando de ocultar
pero casi como cada mujer tiene su dolor
lo va afrontando a fuerza de encontronazos
pero siguen tapando este desprecio solapado,
si lo exigen, es seguro su ingreso en euros.

Este rencor, al tratar de taparlo
las mujeres, se va pudriendo
cada vez, de desamor a si misma.
Y las mujeres consentidoras por las ideologías represoras
no se quieren enfrentar ,coartadas por la desvalorización,
a descubrir este dolor y a luchar. . .
no otorgando esta forma de educación.

Por eso ya sufren las mujeres ese desprecio
y con una sonrisa socarrona a flor de piel
para tapar su infelicidad
hasta llegan a enfermar,
los hijos contaminados
de tristeza y frialdad.

La medicina ha avanzado
y el negocio está palpable,
las cajas de medicamentos
para tapar estos males.

Los niñas, atolondradas por la atmósfera
de sufrimientos secretos mentales,
están jugando en los recreos a la defensiva,
casi infelices por completo,
los desprecios de los niños son directos.

YA ME VOY DE MI MORADA

Tu destino es procrear
y servir a tu señor
y un sueldo no cobrar,
si eres beata mejor.

Ya me salgo de mi nido
a desbloquear mi mente,
trabajando todo el día
como una mujer valiente.

Los poderes estatales
te obligan a ofrecerte de fregona,
se te ocultan los estudios
ya sirves para la encerrona.

La santa en obediencia impuesta
tu persona está anulada
porque ya tienes un amo
para estar alimentada,
tú inteligencia coartada.

Y al verte despreciada y dolida
no se ocuparon de tí,
ahora estás de fregona gratuita
muy metida en el redil,
ya no puedes decidir.

EL INGENUO INCULTO ENGREÍDO

Si empiezas a despertar mujer ¡ya!
y protestar con libertad,
al que te alimenta a diario
le quieres confrontar y replicar
la cantidad que te tiene que abonar.

La educación del desprecio
te tiene bien atrapada,
te miran tan inconsciente,
te tratan como imputada.

Como se cree superior y un señor
y así lo han educado,
aunque sea un inculto
se cree muy superdotado
y por eso no se inmuta.

Por eso te atormenta y te dice
"de aquí no puedes salir,
te vas a morir de frío
si te marchas del redil"
¡a luchar, a salir y a cobrar!
De hambre no vas a morir.

Te coartan con desazón,
te dicen que no sabes ni calcular.
Así te lo inculcaron,
te lo has creído
para poderte explotar
y tu euros no cobrar.

LA MUJER OFICIAL PARA SENTIRSE SEGURO

Yo tengo la libertad, mujer,
tu no me puedes seguir
por eso te alimento
y con hambre de casi todo,
consentido por tí mujer,
para que estés en mi redil encerrada
y de hambre no vayas a morir.

Todos los campos cerrados,
con unos cuantos niñitos
te tengo bloqueada
y cierro todos los caminos,
humillada, humilde, como en un "laberinto"

¡Mi mujer! "él se lo cree"
como si fuera mi amo.
Voy a reanudar mis estudios
para salir adelante de este laberinto,
la sumisión y el dominio no son de mi agrado.

Así el "ochenta y cinco por ciento de las mujeres"
su destino "es no cobrar"
y por esas condiciones impuestas
te empiezan a maltratar.

Y tu madre, atormentada con desazón
si te vas a cambiar por la libertad,
si no lo haces
así seguirá la historia
retrocediendo hacia atrás.

LA ENCERRONA PARA CRIAR LA PROLE

Sufro al verte sufrir mujer
y tu también estás atrofiada
tu me quieres dirigir
y tú también estás encerrada.

¿Dónde están tus euros?
Cincuenta años de trabajo
criando toda la prole
y te tratan a distancia
y sin cobrar tu jornal.

Ya te sientes dolorida,
sintiéndote despreciada
has dado todo tu amor
y te sientes abandonada.

Todo se vuelve servidumbre
con el núcleo familiar,
de tí no se compadecen,
todos te quieren utilizar,
te mandan a callar
si te intentas aclarar.

Al verte tan calladita
y rezando todo el día,
te miran sin comprederte
les pareces como una refugiada,
esto es el resultado
de quién tanto tu quieres.

LOS POLÍTICOS AÑEJOS DE HOY

Se dirigen a las mujeres, despreciando.
Se sueltan un refrán que dice:
"si las putas volaran
no se vería el firmamento"
en lugar de ofrecer trabajo
y fomentar el talento
todo lo tienen encubierto.

Se las trata con desprecio
los políticos no multan a los varones que a ellas se acercan
tienen la mente infectada
y ellas atormentadas de sufrimiento
y algunos concejales con la prostitución por alimento.

Con tres niñitos a cuestas, sin alimentos,
tienen que prostituirse,
el gobierno, demoledor e insultante,
dice: "si las putas volaran no se vería el cielo"
y las obliga al gran bache del desprecio,
a nadie concierne,
y los organismos indiferentes y encubriendo.

Maltratadas psicológicamente y los niños sin comer,
las mujeres, marginadas, doloridas,
y las guarderías negadas, sin responder.

Y las madres con angustia
al desprecio comprobar
por el padre no se pregunta, a él no lo quieren culpar,
ni lo obligan a pagar
con toda clase de picaresca
y esos niños a marginar.

LA EDUCACIÓN DE LA AUTOESTIMA

Con la autoestima baja
a la niña se ha educado,
¿de dónde vienen estas raíces
que nos hacen tanto daño?

Con una mirada triste
se siente muy despreciada
y desde la cunita la ignoran,
la niña está atormentada.

Sus hermanos pequeñitos
por educación heredada
ya desprecian a su hermana,
ella se encuentra acosada.

Los niños ya van captando
que el jefe es muy valentón,
que ya desvaloriza a su madre
y la atmósfera de contradicción.

Él, se cree el valentón,
trabaja donde le pagan
y ella no se valora
porque así ha sido enseñada
y por la ideología inculcada.

ENRIQUECIENDO AL PAÍS CON TRABAJO GRATUITO

Una psicología enfermiza
del desprecio recibido
en la educación de niña
y los intereses de ella en olvido.

Te casas para servir mujer
infravalorada total,
te han hecho creer que es
la única salida y con tu dinero
el gobierno a triunfar.

El ahorro del capital tuyo,
de tú trabajo gratuito,
no te lo quieren pagar,
con tu baja autoestima
y sin cobrar ningún eurito
y a callar.

Te han hecho creer que estás debilitada,
las neuronas te han parado,
estás en un círculo cerrado
y si te puedes valorar
cobra tu trabajo ya.

La psicología enferma de traumas,
la educación bien pensada
para que trabajes gratis
y además desvalorizada
y como inútil tratada
si pudieras renovar tu mente, ¡mujer!
que tu eres muy valiente.

EL DESTINO IMPUESTO POR LA SOCIEDAD

En un círculo de desatino
el desprecio es el dolor forzado
que tienen la presa cogida
y la decisión desviada y cohibida.

Tu madre te proclama: ¡mi niña!
no rompas esta cadena,
has venido para sufrir.
¿Qué dices madre?
esto es una tortura que hay que destruir.

La madre traumatizada,
con su dolor oculto asumido,
tenías que obedecer
las ideologías cumplidas contigo, mujer.

Esa chica aterrorizada, sumisa
de desprecio recibir,
la raíz está podrida de pena
y no la dejan vivir.

Esa madre masoquista,
a su hija quiere utilizar
para que siga la cadena
y no pueda despertar.

ENRIQUECIENDO AL PAÍS

Y se puede explicar calculando
este dolor de inferioridad
que te impusieron las ideologías
para gratis trabajar y no utilizar tu libertad.

A la defensiva algunas niñas,
no se les llegan este problema a grabar
y será un diez por ciento
las que van a despertar.

Estudiado está el convenio
para gratis trabajar,
para que críes a la prole
y sin un euro cobrar,
y tu amor van a utilizar
para gratis trabajar.

Las ideologías son cómplices
para encaminar tu futuro
que son muchos los billones
que se ahorran de seguro.

Esto te lo estoy contando
después de un desarrollo mental
que para que tu lo comprendas
te tienes que desbloquear
y aprender a pensar.

LA EXPLOTACIÓN A LA INTELIGENCIA

El negocio es muy grandioso
y las tienen subyugadas,
tu lo trabajas por el amor
y no te quieren enfrentada.

Todo está bien estudiado
para poderte explotar,
eres muy inteligente
y no debes despertar.

Todo el día trabajando, mujer,
el amor se difumina,
es que te has vuelto la chacha
y luego te discriminan.

Todos tienen un derecho menos tu
creado por la educación
que interesa implantarlo con ideologías
y sin amor hacia a tí mujer.

Una farsa bien estudiada
para poderte utilizar
que son muchos los billones
que el país se puede ahorrar
para en gastos superfluos despilfarrar.

LOS BILLONES DE EUROS EN GANANCIAS

Ocho millones de trabajadoras en casa
¿cuántos billones serían de ganancia?
al país enriqueciendo
coge la calculadora María
y descúbrelo este día.

Por razones religiosas
las tienen muy bien domadas,
cómplices con el gobierno,
casi heridas,
despreciadas y coartadas.

Las mujeres valoradas en ganancias
lo tienen bien entendido,
a su vez también las explotan
para que le limpies el nido
y por ellas consentido.

Te observan con un desdén
y con un desprecio secreto,
se lo creen con una falsa modestia,
a flor de piel, te trituran por completo
y tú comprendiendo...

La chica va despertando tarde
conociendo la traición
y dolorida la utilizaron muy bien
con la desviada educación de introvertida.

DEFIÉNDETE, A NADIE LE IMPORTAS TU, ¡MUJER!

Los poderes calladitos
con esta falsa escondida,
haciéndose los protectores
para atraparte de por vida.

Es tanta la humillación ¡mujer!
que no se nota por fuera,
la llevas en las neuronas
¡ya! Defiéndete como puedas.

A nadie le importas tú,
te utilizan como cobaya
para enriquecerse el país
y te dicen que eres buena si te callas,
¡reivindica ya esta falsa!

Una rutina enfermiza de sufrir
como si en la cárcel estuvieras
metida en cuatro paredes,
también puedes y debes
pensar sí te puedes desvincular.

Porque ya estás anulada
desvincúlate del pensamiento nublado,
ya tú no quieres leer para poder aprender
tu trabajo infravalorado
¡te tienes que defender!.

OCULTANDO EL MALESTAR DEL GÉNERO FEMENINO

Muchas mujeres alérgicas
a su género femenino,
a la misma especie implicada,
están a la defensiva
que se encuentran enjauladas,
avasalladas y olvidadas.

A ellas de todo se culpa
y ocultando el malestar
sin saber por dónde romper
la amargura te hace pensar
y no ocultarnos más
abre los sentidos mujer ¡ya!.

Pronto te quieren casar ¡mujer!
para que tengas una salida,
a ver si así no te desprecian
porque estás bien escondida.

Tienen la mente ofuscada
y no encuentran la razón
porque la observan con desdén
desde esa cuna de amor.

No encuentran satisfacción
resignación ocultando,
se encuentran doblegadas
porque ellas no están cobrando
y para obtener gananciales
el Estado te está utilizando.

EL EGOÍSMO EN EUROS NEGADOS

Las asistentas gratuitas ¡mujer!
no tienen por dónde romper
por un alimento mísero,
las mujeres ya empiezan
a observar y a comprender.

Ya empiezas a procrear ¡señora!
el destino de la asistenta
te meten en obligaciones
y todos te atormentan.

O cumples con lo estipulado
para que trabajes de duro
y te encuentras enrollada
de por vida sin un seguro.

Todos quieren que les sirvas
con un egoísmo feroz,
empiezan con tiranteces egoístas
y cada vez más destrucción.

Y al no sentirte querida
empiezas a rezongar
y cuando sacas la autoestima
ya no te quieren valorar
con igualdad de derechos
y oportunidades por igual.

CERRAZÓN: IMPUESTA SERVIDUMBRE

Si estás bien entorpecida
mejor lo puedes soportar,
además, porque ellos
con una cerrazón mental,
ya te empiezas a culpar
que todo lo haces mal.

Cuando no hay buena servidumbre
ya se empiezan a marchar
asqueados, por oírte a tí "madre"
no te quieren ni mirar,
no quieren colaborar.

Dirigidos por "el jefe" psicológicamente
porque ya no eres buena asistenta,
se marchan tus "hijos" y sin quererte
han chupado mucho del jefe
que los tiene contrariados.

Desde niños, la psicología enfermiza
sin querer han recogido,
si no eres buena chacha
ya se te marchan tus hijos del nido,
todos contra tí y por el padre influidos.

Tú lo has hecho con amor ¡mujer!
y ellos por un interés inculcado
que se ha ido agravando
hasta llegar a la madurez, muy grabado
egoísmo calculado.

LA SERVIDUMBRE ATRAPADA

La madre sirve de asistenta,
toda la vida enrollada
con sus nietos incluidos,
ha estado siempre atrapada
y su persona casi olvidada.

Cuando en treinta o cuarenta años
de trabajo embrutecedor,
cuando se pone a quejarse
la arriman en un rincón,
al mes dicen: "no hay quien la aguante,
la residencia es lo mejor".

Con su carita pensativa
al comprender la desazón,
al verse tan despreciada
le viene la depresión
por haber hecho un trabajo con amor.

Con su ideología secreta
intenta con un talento especial
empieza a comprender el engaño
de los demás y a valorar.

La residencia espera a la madre,
ella, no lo puede creer
que toditos sus corderos
no la quieren atender,
con todo lo que los quiere
no lo puede comprender.

EL DESENGAÑO FULMINANTE Y TRAICIONERO

Esto está bien estudiado
para sacarte provecho ¡mujer!,
los poderes otorgando con astucia,
ya te han metido en un gueto.

De penas vas a morir ¡mujer!
al saber que no te querían,
tienes triste el corazón
tu alma pensativa, dolorida, abatida.

Sufres en secreto,
alejada de esos corderitos mansos
que tu tanto los quieres
y te niegan un abrazo.

Sin contrato fuiste de asistenta
y te metiste en la rutina,
te lo tenían destinado
desde que se dieron cuenta
que eras femenina.

Con un secreto monetario
bien pensado para enriquecer el país,
este trabajo te asignaron
y casi obligada, tuviste que sucumbir
al no fomentar otra opción
por lo mismo que se ha dicho, destinada para tí.

DE NIÑA, TE ATRAPARON MUJER

¡Es que vale mucho dinero tu trabajo
para criar la prole, mujer!
desde niña te utilizan,
tu capital está invertido,
tus euros están en carreteras, armamentos, etc.
Si lo piensas, te derribas
por este destino impuesto, por no poderte defender,
sólo para ganar un poco de comida.

Cuando tienes que estar agradando
para que te den de comer,
empiezas con una angustia que ya no sientes placer,
te derribas al no poderte defender.

Aunque estudies una carrera y el título cuelgues en la pared,
este problema están ocultando, nadie te lo va descubrir,
te destruyen con placer y por ser una mujer.

Cuando estás bien atrapada, empiezas a comprender
el engaño manifiesto, por el hecho de ser mujer.

Y tu madre muy traumatizada
con la razón sin resolver,
también te empieza a coartar
para el hilo no romper.
No comprende la madre,
por el bloqueo cultural,
el desprecio a tí ¡mujer!
tienes que estudiar cómo
este entuerto, podrías resolver.

UN TREINTA POR CIENTO MENOS DE DINERO

No te quieren en la empresa, mujer,
si tienes algún hijito
y si es un compromiso
ya te pagan un poquito.

El empresario con poderes
para poder abusar,
el treinta por ciento menos
a tí te van a pagar
con trabajos de igualdad
y tu con licencia además.

Estando en la misma mesa
un trabajo de igualdad,
apagando tu talento
menos te van a pagar
y el gobierno a otorgar.

¡Sí eres muy especial, señora!
inteligencia de primera,
el empresario calculando
y el gobierno otorgando
y todos, por tí, deliberando.

Si trabajas estatal
ya si te pagan igual
y dejan a la deriva los políticos
al empresario abusar.

LA REAL ACADEMIA ESPAÑOLA DE LA LENGUA MARGINA A LA MUJER

Es la discriminación bien pensada
tienen a treinta señores
y las señoras apartadas,
a tí no te llaman y anulan tu valor
con desprecio y desazón
usan la discriminación.

No corrigen el vocabulario
que casi siempre te está ofendiendo
con mentes que ya no se actualizan
y tu personalidad hundiendo.

Lo tienen bien arraigado
lo piensan y se sonríen
¿que hacen esos catedráticos
que por tí no se desviven?
Te anulan para que no participes.

Tienen una rutina estancada
las neuronas desgastadas
la mente casi paralizada
y un cambio no les exigen.

Están muy empoltronados
esencia nueva y tolerancia
¡más puestos para las mujeres!
y que funcione la democracia.

ACADEMIA CANARIA DE LA LENGUA

Ofenden a las mujeres
negándoles la participación
con un vocabulario ofensivo,
no se respeta el porcentaje de mujeres
que son más de la mitad de la población
¿qué hacen en esas poltronas?
Confundiendo a los niñas/os y adolescentes
con estas dictatoriales encerronas.

Dadle paso al género femenino
que entre la armonía
que esas mentes arcaicas
no practican la igualdad,
la Constitución intentan desviar.

Dadle paso a la juventud
que son aires renovadores
para renovar la vida
y en el mundo lluevan flores.

Unos tapan por un lado y otros a destapar
¡viva la Constitución! que la Academia Canaria
la quiere ignorar.

Es que tú no eres de la Lengua,
tampoco lo serás
maltratando con desdén
y a los niñas/os a contagiar
con un vocabulario consentido
¡nos dañan a más de la mitad de la sociedad!

MÉTETE EN MI CASA, CARIÑO

Te obligo a que no trabajes fuera, ¡mujer!
yo te voy a mantener
como un parásito muerto,
¡me lo vas a agradecer!

El no quiere que trabajes
donde te pagan dinero
¿quién le ha dado esos poderes?
para meterte en el potrero.

Y creyéndose tu amo
le tienes que obedecer
dolorida tu autoestima
¡Ay! ¿Cómo te puede querer?
querer a una segunda madre,
es retroceder.

Piensa en gobernarte
como si fuera un cuartel,
¡chica! huye de ese lobo,
es que te quiere comer.

No respeta tu libertad,
piensa que compró una ternera,
tiene la mente atrofiada
y una tremenda ceguera.

TE DICEN LA REINA DE LA CASA CON DEMAGOGIA

El resultado es nefasto, señora,
ya te empiezas aburrir
y empiezas a protestar
pronto te quieres morir,
te dicen la reina
a ver si así te pueden dirimir.

Anulada por completo y con unos corderitos
y ahora te obligan
a que no des un pasito.

Prevenir ese fracaso personal,
ser cada día más liberal,
no vuelvas a recaer ¡mujer!
ahora vas a aprender a caminar
y a ser cada día más liberal.

¿Cuántos años mujercita
llevas entre cuatro paredes?
cuando seas mayorcita, empezarás a pensar,
te arrinconas, te echas tú a las redes
para sola no estar.

Si tú trabajas con un salario valorado
el trato es exquisito,
la educación recibida mal enfocada
te ha hecho un daño profundo mezquino,
estás atormentada en un mundo injusto,
¡renuévate y elige otro camino!

LAS RADIACIONES ENFERMIZAS

No eliges tu destino, mujer,
dolida te vienen las depresiones,
el país engrandecido
curando las radiaciones
para que no te desmorones,
gastos de medicamentos a montones.

Y muy poquito les importa,
el negocio es fabuloso
porque sirves de asistenta
y tu dinero en reposo,
empleado en sus negociaciones.

Más de ocho millones de trabajadoras en la casa,
esa cifra estremecedora
de ese gran capital
que es tu trabajo no remunerado, mujer
te dicen que eres la reina de casa
y engañada toda una vida
el alma destruida, la autoestima a la deriva.

Un niño de veinte años
la crianza sin pagar,
lo cría el amor de madre
y a tí te quieren anular

Esta cuenta hay que sacar:
alrededor de cuarenta millones en veinte años
cuesta a la madre un hijo criar
y al estado ahorrar
no ganas ni un escaño, mujer,
los poderes utilizando tu amor
y al final la gran decepción para tí.

CORAZÓN ADOLORIDO AL REPLICAR

Y la chica replica con murmullos
no se atreve a replicar con libertad
¡nunca la han despertado!
al país no le interesa tu libertad.

Con el dinero de tu trabajo
armamentos hay que fabricar
para matar a los hombres que tu vas a criar,
que con las ideologías
las guerras quieren fomentar.

Con tu amor dolido, casi obligada a criar,
tu, dolida a llorar indefensa
pero a cambiar ¡ya!

Este engranaje estudiado
lo tienes que deshacer,
no les costó dinero la crianza
y ahora los derrotan en el cuartel
para los de bajo nivel cultural a guerrear
porque los ricos van a estudiar.

Critica estas ideologías traicioneras
¡que no te utilicen más mujer!
si así lo has comprendido,
ten contigo humanidad.

Tantos años de tormento
¡qué dolor esa destrucción!
no te dejes aplastar más,
pon a latir tu corazón
nunca es tarde para replicar.

EL DESPRECIO PSICOLÓGICO A TÍ ¡MUJER!

Tú, Mercedes, te encuentras valorada
con tener a Rosalía como asistenta,
Rosalía es licenciada y se siente humillada
y se esconde a llorar
porque si no, no se alimenta.

Tengo derecho a cascarte
para eso me protegen
la ideología del mandón
y la de aniquilarte el corazón
de eso me encargo yo

Todo está a su favor pensado,
mujer, tú su perrita faldera
¿cómo te van a querer?
si no te quieres tú siquiera.

La chica en la educación,
una trampa bien pensada,
cuando se ve involucrada
empieza la rebelión.

Y tu madre, horrorizada,
con la cabeza anulada:
"esta niña tan rebelde
a mí me tiene afrentada"
y ya se va a rezar
para que estés perdonada.

ESPAÑA, CASI DICTATORIAL Y SEXISTA

Cuando algunos gobernantes
los subsidios implantaron,
con el pecado por delante
a las mujeres una vez más, utilizaron.

España era un país de tuberculosos
y así se diseminó para las guerras
tener preparado el batallón,
para destruir la población
con los amigos de la Inquisición.

Las ideologías unidas fuerte,
hicieron la represión
"utilizando a las mujeres"
como carne de cañón
para lograr su obsesión.

El noventa por ciento
casi analfabetas y asustadas
con el infierno amenazadas
y también hoy utilizadas,
procrea los niños, te dicen,
y si no estás condenada de por vida
sin compasión, también "hoy utilización".

El resultado nefasto
con malversación,
la incultura es agresión
todas como corderitas, obedeciendo al mandón,
el hambre es agresión
que por bandadas se morían de tanta tuberculosis
que en esta España existía y casi existe hoy en cada autonomía.

ENRIQUECIMIENTO DEL PAÍS CON TU TRABAJO GRATIS

Te inculcan el sentimiento de inferioridad,
te retrasan las neuronas
desde niña despreciada
y enseñándote a estar mona, mujer,
para lograr la encerrona del trabajo gratuito.

Con palabras ofensivas
no saben por dónde arrancar
el estudio casi está secreto
no vayas a despertar ya que trabajas gratis
y es un gran capital y tu mano de obra sin pagar.

Te desvalorizan en los libros
ya desde la primera cartilla
con mi mamá en la cocina y con tu licenciatura olvidada
no saben cómo esconder que no despiertes a tiempo
para poder con tu trabajo al país enriquecer.

Sólo quieren servidumbre y tú muy mansa
engañada te meten en el rebaño
a procrear la manada y tu inteligencia aplazada.

Cuando empiezas a despertar
y ya te vas asustando no hay guarderías gratis en el pueblo
y te están amenazando
el dinero de las guarderías tú se los estás ahorrando
día y noche trabajando.

Las niñas/os son para tí mientras den trabajo
eso está claro
y después para trabajar en los problemas
en las empresas del país.

EL SEMBLANTE ABATIDO CON LOS GANANCIALES

Te casas con gananciales señora
¡y la santa trabajando!
te van camuflando
para esconder los caudales
ganados con tus gananciales.

Con una educación ideológica mansa
para poderte doblegar
con una psicología dictatorial
para que empieces a perdonar
y a su vez volver a empezar.

Con un semblante abatido
ahora empiezas a pensar
todo lo que te doblegaron
en las formas de educar.

Te inculcan que es tu destino
tu no debes estudiar
el estudio no se fomenta mujer
para poderte atrapar.

Y tu madre muy contenta
porque alguno te recogió
para darte el sustento
y tu hundida de represión
como ella fue utilizada
no entiende de liberación
deje a la chica en libertad señora
que empiece su revolución.

LA HUMILLACIÓN CONVENCIONAL

La mujer está enfermiza y sumisa
no tiene optimismo para hacer una sonrisa
cambiar su destino, echar fuera lo enfermizo.
por el optimismo y abriéndose otros caminos.

Las/os niñas/os observadores y opinando
con un problema secreto en el ambiente
empiezan a perder las ilusiones
y la alegría por completo
y no están florecientes.

Todo es un gran secreto mujer
en la atmósfera viciada
las enfermedades ocultas
y con la cabeza acomplejada
por estas traiciones malvadas.

Todo el gremio está confuso
no sientes felicidad
se resiente el organismo
ya no pueden estudiar.

Con un problema oculto de frustración
las/os niñas/os se van atrasando
el profesor calculando y pensando
a las/os niñas/os ese disgusto consentido
ven a la madre llorando
el sentimiento ocultando y pensando
¿por qué me están amargando?.

MUCHOS PADRES VAN INCULCANDO LA MALVERSACIÓN HACIA LA MADRE

Todo con psicología dañina del jefe
que hay que aborrecer a su madre
en un seno familiar embrutecedor
el desamor se va gestando casi ordenado
por el padre progenitor.

Es un círculo vicioso
y también enredado de contagio
enfermizo casi hereditario
cuando sin decir palabra armoniosa
no se adquieren compromisos.

La madre está marchita de impotencia
nada puede trasmitir
y las/os niñas/os observando
llegan tarde a despertar para descubrir.

Una atmósfera infecciosa encubridora
ya no se puede aguantar
con psicología secreta confusa
inculcándoles maldad
a las/os niñas/os utilizan sin piedad.

Y el que tiene el poder "el jefe"
a las/os niñas/os ha infectado
lo miran como a un rey
porque los ha comprado
también a su madre han despreciado
por el padre inculcados
un arsenal de malvados para esto educados.

EL DIVORCIO COMO LIMPIEZA MENTAL

Una cadena destructiva
malvada de desamor educada
que el desprecio a su madre
a los niñas/os ha contagiado
en la infancia a acumulado.

La madre trabaja para todos
cada día más hundida
ya nadie la obedece
y en la casa la derriban
y las niñas/os no lo entienden
por ser educacional
y les parece normal.

Es que la madre no resiste más el desprecio
los medicamentos son nulos
y con la sangre infectada
piensa en romper el núcleo familiar.

Y los niños atrofiados
con la educación del desprecio
ya no quieren ni a su madre
con psicologías guiadas por el padre.

La destrucción está hecha
sólo existe desamor
los estudios fracasados
¡viva la revolución!
y cambiándote de casa
se te aviva el corazón.

DESPUÉS DE LA DESUNION "EL NÚCLEO SIN TIMÓN"

Las/os niñas/os se van con su padre
que los tiene agazapados y sin saber discernir
a su madre no la quieren ver con el amor que ella les tiene
un infantil ya llegó el gran fracaso emocional
solo por a la madre inducir el progenitor
a esta malversación.

Ya no tienen cocinera ni coordinadora
se encuentran desorientados
empiezan a trabajar
y los estudios olvidando
no sabe el padre ni educar ni organizar
y los tiene agazapados.

Y esta es la gran valía
del desprecio a la mujer
que infecta toda la casa con el insulto
y el poder del dinero tener para deshacer.

Él la amenaza forzudo
con quitarle el corazón
no colaboró en la educación con buena intención
y el resultado fue nulo.

Y después de tanta agresión y morbo
quiere seguirla tarando
la psicología paralizada
y al pueblo están infestando
las alas están usando
y con la educación recibida
por el jefe desvalorizando
todo el mundo familiar
y los hijos también estos métodos van a utilizar.

ESTA ES LA OTRA CARA DE LA HISTORIA

Las mujeres que no se separan
no tienen a donde ir
no le han pagado su sueldo
y no tienen para subsistir
ahí está el acoso para seguir.

Está ella amenazada y al descubierto
sin tu poder vivir
de eso se vale el país cautivo
esa forma de atrapar
crían unas personas enfermas
muy difícil de curar.

Este modelo establecido
contiene mucha traición
casi todos están sufriendo
la derrota del amor.

Hay que buscar otro estilo
que todo ha ido avanzando
que haga feliz a la gente
el dolor olvidando y organizando
para así vivir mejor.

Éstas grandes encerronas
plagadas de frustración
un estudio valorado
y la gente ilusionada
no hay que seguir adelante mujeres
si tu sueldo no te van abonando
ve pensando ya mujer otras formas de vivir
éstas no dan resultados hay que cambiar el perfil.

VAMOS A REFLEXIONAR SEÑORAS OTRAS FORMAS DE VIVIR

Otra forma hay que estudiar
y que la gente sonría
ya estas están muy arcaicas
con la feliz rebeldía
pensando con libertad
mañana sera otro día.

Vamos a reflexionar
al purificar cada día
a querernos un poquito
a dejarnos de ideologías combativas
que tienen al mundo marchito
matando tus ilusiones y tu corazoncito.

Queremos vivir con aires
las ilusiones grandiosas
no estarlas utilizando
con las derrotas famosas.

Que vivir con libertad señoras
los añitos venideros
nuestro cuerpo alimentar con oxígeno
aunque no tengas dinero.

Con esas firmas traicioneras
casi todos estamos sufriendo
hay que buscar otros roles
donde no estemos muriendo
y no controladas como el ganado
nos vamos evadiendo.

LA INCOMPRENSIÓN, COARTADA IMPUESTA

Las mujeres no son felices
ni los hombres tampoco
vamos a explorar otros campos
así los volvemos locos.

Y la gente se traiciona infeliz
huyendo de la opresión
que se marchan de sus rebaños
creyendo liberación
y empieza otra agresión
con la misma desunión.

Creyendo que encontró su amor
era todo fantasía
la derrota de la educación
es una coacción cada día.

No quiero que me atormentes
con tus leyes traicioneras
tienes mujer la mente ofuscada
de avanzar de esta manera.

Todo ha ido avanzando
lo estancado es el amor
que cuando firmas papeles
se destroza el corazón porque empieza otra coacción.

No quiero morirme pronto
no voy a vivir sufriendo
quiero abrirme camino armonioso
mi cuerpo se está destruyendo
quiero la liberación para poder seguir viviendo.

LAS MUJERES ATRAPADAS CON DEMAGOGIA

Las ideologías unidas, mujer
nos tienen bien atrapadas
la educación ocultando
para tenerte anulada
como si fueras un cráter
y viviendo desarraigada.

Porque una niña engañada
con un fraude en la educación
los empresarios con unas ideas comerciales
tu juventud utilizan para acumular gananciales.

Desde la escuela marginación
con el contenido de lo libros nada igualados
empiezan las diferencias
y los desprecios malvados
como si fuera un contrato bien pensado.

Las primeras palabras el egoísmo
el desdén bien estudiado
para empezar a humillarte
cuando estás bien atrapada
empiezas a despertarte.

Y tu madre interiorizada
ya la tienen bloqueada
para que transmita sus miedos
con terror y atormentada
y así insegura de tí misma
haciendo la doble jornada
con ocho hora en la empresa
y ocho horas en tu casa y sin ser remunerada.

LAS CAMPAÑAS DE MEJORAS POLÍTICAS UN ENGAÑO PARA TÍ, MUJER

Cuando llegan las elecciones
empiezan con campañas dirigidas a tí mujer
ofreciéndote muchas cosas que no las llegas a ver
¿cómo es posible mujer que vuelvas a recaer?.

Con la marginación bien pensada
y nuestro dinero acumulado
con un uno por ciento de gasto
la campaña ha terminado las guarderías olvidadas.

Y seguimos la rutina señoras las cosas no han cambiado
ni tampoco los libros de textos un engaño bien planteado
el padre va a la cama la madre al fregadero
horas extras sin dinero.

Campaña superficial
con las mismas promesas de siempre
que no llegas a captar
estás más empobrecida que antes de empezar
usa la imaginación y no vayas a callar
con la matanza de mujeres con tu voto inteligente puedes evitar
¡hay que ver! A protestar y a luchar ¡ya!.

Emplea tu inteligencia cuando vayas a votar mujer
eres el eje del mundo siendo más del 50%
en la población mundial
y con tu voto acertado todo esto puede cambiar
que ya sabemos de algunos políticos sexistas y dictatoriales.

Te quieren marginar no dejes que te vuelvan a mentir
usa tu sentido común ¡ya!
no te equivoques mujer al votar.
no vuelvas a recaer.

MUJERES SUFRIDORAS CONVENCIDAS

Tu mente ya está herida
te han ido moldeando
la educación reprimida
casi te ha ido enfermando
la baja autoestima te va minando.

Tu mente está atolondrada
del pensamiento reprimir
ahora estás bloqueada
con un secreto tormentoso
la memoria hay que revivir
para poder combatir.

El estudio es muy completo
con esta gran concepción
tu trabajo gratis
para sacarle una gran producción.

Tu cuerpo has marchitado
al descubrir este rodaje
te encuentras frustrada
al comprender de repente
este abordaje.

Vas a analizar
cómo has sido utilizada
vas a descubrir una nueva vida
cuando te hayas ido.

EL TRABAJO SUBORDINADO ASIGNADO

Trabajo "no pagado" impuesto
que ya te tiene domada
por el mundo alineado
todas las tareas asignadas
saber todo "ingeniosa"
sin haber sido estudiada.

Eres el hazmerreír mujer
mientras estés atrofiada y convencida
haces toda clase de trabajos
aunque tengas la vida anulada
pero no lo piensas sigues "resignada".

Y tu no encuentras salida estás muy "bloqueada"
esto es una tapadera para que sigas callada
rompe esas barreras no sigas amordazada.

Todo tipo de trabajos honrosos
se te asignan en tu recinto todo el mundo te ataca
si no tienes todo a punto tratándote con mal talante
y tu con un secreto disgusto.

Ni siquiera te alimentas
tu misma te economizas y te anulas
no puedes salir triunfante
lo que tu gastas lo observan para humillarte
coge tus derechos y deja de anularte
que "el trabajo doméstico está muy bien valorado"
si trabajas donde te pagan
"con 150 mil ptas." te quedas desbloqueada.

RECTIFICA MUJER, NO TE SIGAS ENFERMANDO MÁS

La historia está llena de dolor por no rectificar
no esperes a lo peor que te lleguen a traicionar
y con la mente muy activa
no debes callar hay que rectificar.

Un problema psicológico
que no quieres tocar
llegar a la raíz
para volver a empezar
y tu dignidad salvar.

Con la mente perturbada
de creerse el redentor
están matando a las mujeres
con dotes de dictador
porque yo soy el mandón.

Los poderes muy callados
otorgando esta traición
esto viene de culturas ancestrales
del intolerante santurrón.

Estos hechos a diarios
un secreto a voces son
las fuente están abiertas
no les importa que maten
escondiendo estas reyertas.

LA INTELIGENCIA DESVALORIZADA Y COARTADA NO VALORADA DESDE LA CUNA

Casi cada recinto es un círculo maltratado
enseñando a los hijos a que sigan su ilusión
un desprecio refinado con psicología furiosa
es que así muchos han sido educados para llevarte a la fosa.

Esto viene estudiado de las esferas tradicionales
son muchos billones el capital
de un trabajo no remunerado
deja mucha plusvalía
te culpan para no pagarte tu capital
tu te dejas anular
por eso te quieren bloquear.

Eres tan inteligente que abarcas todos los gremios
canguro - cocinera - educadora - costurera
conciliadora - compradora - ahorradora - estrés - etc.

Eres el eje del mundo mujer
casi todo alberga tu inteligencia tu capacidad
te han puesto todos estos cargos
sin remunerar sin contar contigo para contratar.

Te han dicho que eres desvalida
y te lo has creído
hecha ese fraude al olvido
es muy fácil engañar
desviando tus intereses
por no tener edad para pensar.

Cuando no se fomenta el estudio armonioso
empieza la utilización y la desvalorización para ti mujer
la historia nos demuestra que así no te puedes querer.

SOCAVANDO NUESTRAS MENTES DESDE NIÑOS

A las mujeres han tomado de rehenes
con la encerrona en el hogar
ella crece desvalida
lo ha tenido que aguantar
sin saber que tiene poder
para protestar y luchar.

Hemos criado cuarenta millones de españoles
han aprovechado nuestro amor
para hacer este trabajo gratuito
conscientes de ello
por eso pedimos un reconocimiento
de nuestros valores realizados ya.

Has trabajado - errante - impune
con un dolor de infeliz
con el desprecio de casi todos
tu corazón a sufrir.

Te esclavizan para todos los campos
estás dolida o estas anonadada
y te pones a pensar
y no encuentras la salida ¿dónde estás?
tu si puedes caminar abrirte a buscar la igualdad.

Intereses con tu persona mujer
de egoísmo y sacudir si llegas a protestar
¡ya no eres una buena mujer!
esto está muy arraigado en el fondo de su ser
te quieren para que sirvas mujer
rompe esos caminos para vivir con placer
.y cuando seas vieja tengas algo que comer.

DESDE NIÑA TE MOLDEAN LAS IDEOLOGÍAS

Todas las ideologías estructurales
te tienen bien atrapada
porque a todos interesa
que tu sigas bien domada.
.
Es que yo me siento bien escondida
haciendo el bien en el rebaño
tu mente está preparada
para asimilar el engaño.

Las ideologías mundiales
con sus libros consagrados
te lo tienen destinado a tí
los recursos estructurales bien estudiados.

La educación destinada a ti mujer
con demagogia
escondida para acumular tus caudales
y no importan tus heridas.

La intolerancia
secreta que tienen las estructuras
para retar tu mente
y que sigas casi nula
enfréntate con holgura
a protestar nunca es tarde para cambiar y rectificar
con dialogo y una convivencia especial.

ESTADÍSTICAS, VALORACIÓN Y TRABAJO

Con los puestos de trabajos estamos martirizadas
cuarenta y siete para hombres
y cinco para las anuladas y amordazadas.

Premios a varones cincuenta y cuatro
para mujeres cuatro
aquí tenemos estadísticas del retrato
la mujer en la servidumbre con un gran recato.
.

Las medallas de oro
han sido treinta y cinco para hombres
asignadas y muy valoradas
para mujeres tres
vergonzosa la igualdad.

El artículo catorce de la Constitución
sí nos quiere en igualdad
¿dónde estas mujer? Realízate, despierta
el desprecio asignado rómpelo ya.

Radio y televisión
valoración en el trabajo
los hombres ochenta y cinco una buena graduación
y las mujeres unas quince en la cola del ratón.

Y aquí vemos la igualdad
de derechos y oportunidades que dice la Constitución
se anula en las niñas con una gran intuición
para que salgas de la intoxicación
rompe con esta traición
es por valoración.

GUIADAS POR LA MANIPULACIÓN

La manipulación camuflada
las madres muy asustadas
transmitiendo a sus hijas
la servidumbre infravalorada.

Con estas trampas mentales
señoras ya no se puede vivir
hay que romper estas trampas
aunque tengas ganas de morir.

Lo que se espera de tu persona
ya en tu mente no funciona
buscar una vida armoniosa
y salir de estas encerronas.

Te tienen como un objeto
encerrada y calladita
cuando empiezas a comprender
tu libertad ha sido exprimida
hay que luchar en la vida
si no sigues oprimida.

Mi madre a mí me tenía
como una chica faldera
siempre a mí me reprendía
me dí cuenta a la primera
y no podía comprender
que en el colegio era una lumbrera.

LAS IDEOLOGÍAS TE DICEN SER BUENA HASTA LA TUMBA

Te difuminas asfixiada mujer
la cabeza te dolía y te duele
de la obsesión con que te observan cada día
y ahora que eres libre
no te asignan esta agonía.

El miedo a tu libertad no interesa
todo el mundo horrorizado
¡a esta niña hay que amarrar!
nos tiene descompensados
te decían los tarados.

Te quieren hacer ver mujer
que necesitas un amo
para tenerte oprimida
y no puedas desarrollar
tu autoestima con agrado.

La estafa de la educación
las madres la consentían y la consienten
ellas están anuladas - defraudadas
no cobran plusvalía
y lloran todo el día arrepentidas y dolidas.

Y no encontraban salida señora
de tanto que nos querían
y estaban atolondradas de poca psicología
rectificar es valioso cada día.

LO QUE LA MADRE DECÍA DE SU HIJA

¡Estas niñas no razonan!
las mandé a la universidad
¡ahora no me obedecen!
asustada estoy ya.
Era tanta su parálisis mental
que no podía razonar.

¡Pobrecita de mi madre!
te tengo mucha consideración,
al verte tan preocupada de mi preparación.

Tengo que quererte mucho madre
porque a la universidad me enviaste
y ahora estás asustada al ver mi liberación
nos comprendes esta situación.

Cuanto te quiero mamá sufridora,
con tu gran sufrimiento me has hecho comprender
como te mueres por dentro.

El acierto que tuviste madre de mandarme a la universidad
¡ahora te comprendo!
No sufras más mamá, te lo voy a recompensar.

EL PODER ES UNA TRAMPA MENTAL PARA LAS MUJERES

Las raíces del poder para domarte
desde las ideologías
a las mujeres nos vienen utilizando
pensé que me querían
y me estaban atrofiando.

Te rechazan los poderes
por el eje del mundo ser
una mujer explotada
para no dejarte crecer.

El rechazo a tu talento mujer
que puedes desarrollar
por eso hay fuertes complejos de insolidaridad
y con sus estrategias nos quieren amordazar.

Toda la vida luchando
para que no puedas dialogar
hay mucho miedo a tu talento
por eso te quieren doblegar.

No ocultes tu inteligencia mujer
que siempre a estado escondida
saca a flote tu talento
no te oprimas de por vida.

LA RENUNCIA A LA DEPENDENCIA ECONÓMICA

En la procreación utilizadas
mucho valor estudiado camuflado
ese gran capital que tu le ahorras al país
con tu trabajo gratuito
ponte a pensar y a discurrir.

Eres la fuente enriquecedora de la población
tu dinero mujer no pagado
por eso te sientes mal
¡es que ya te han explotado!
con la dependencia te han arruinado.

Todos han colaborado señora
a que tú estés
en un estado miserable
por unos engaños ideológicos
para apresar tus caudales.

Ya te tenían asignado
el trabajo gratuito mujer
por eso te destinaban a vivir
creyéndote que haces un delito
al no querer asumir
ese destino de tu trabajo gratuito.

¿Dónde están tus tesoros?
es que ahora los necesito
a ver si me los devuelven
mi corazón está marchito
abandonada y sola
como si hubieras hecho un delito.

APRENDER A DECIR NO, AL TRABAJO GRATUITO

Tenías que decir que si mujer
esa gran humillación
que utilizan los poderes
y así tu distribución
el "no" estaba prohibido
tenías que pedir perdón.

Toda una vida ahogada
viendo como te traicionaban
ese era tu trabajo gratuito
y te tienen olvidada y arruinada.

Cállate ya mujercita
no seas tan deslenguada
métete en tu casita
con la boquita cerrada.

Tú eres la chacha adorada
y con tu dolor otorgando
todos te utilizan
para limpiarles el fango
mujer tú eres el eje del mundo
no sigas otorgando.

Ahora ya estás vieja
el teléfono está muerto
has comprendido el engaño
al no invertir tu talento
hacer que no se repita
ese es el intento.

ORIENTACIÓN ESTUDIANTIL GANANCIAS BIEN PENSADAS

Tus ideas son atrofiadas
en tu niñez moldeada
cuando llega la mayoría de edad
vas despertando horrorizada.

Empiezas a comprender
que has sido utilizada y atrapada
para unos intereses grandiosos
que tú no te imaginabas.

Y la niña moldeada
para un cargo no pagado
cuando se ve enjaulada
y con su cuerpo utilizado.

Solo tienes que callar
para ello te han educado
tu madre la primera
porque así lo ha asimilado.

Que te pongas a servir
para que tengas cobijo
a desarrollar una angustia
de desamparo doloroso
te encuentras atormentada por el acoso
por un gobierno morboso
y con sus leyes defectuoso.

DAR VIDA UN HIJO ¡ES EL INFINITO!

El ser madre es ternura
que no se puede describir
es algo espiritual
un signo de libertad.

Es la felicidad mayor
que una mujer puede sentir
no lo puedes descifrar y expresar
y se interrumpe la magia
con las obligaciones a abordar.

Tu no eres nadie ya mujer
cuando empiezan a crecer
esas/os niñas/os se transforman
los interrumpe su sinceridad
con todos los pensamientos
que le empiezan a formar intranquilidad.

El padre tiene una rutina
la madre va quedando atrás
otras mentalidades destructivas
no saben colaborar
trastornan sus pensamientos
su madre se quedó desvalida
todo el amor a su madre
pronto se empieza a fulminar
ella los observa
y ellos no comprenden su bondad.

DELICADA EDUCACIÓN DE LAS/OS NIÑAS/OS

El engranaje del amiguismo con el padre
pronto empieza a funcionar
borran todo tu trabajo mujer
no se puede calcular.

La educación es delicada
las/os niñas/os se empiezan a descompensar
y uno dice ¡está grandioso!
el padre a las/os niñas/os a confundir
haciéndose un conflicto
las/os niñas/os empiezan a sufrir.

La madre observando
ve su trabajo olvidado
por rencillas destructoras.

El conflicto es para las/os niñas/os
que no saben discernir
va dejando atrás las huellas
y su mente a descubrir.

Una mente inmadura
ya empieza a confrontar
los padres en lucha agresiva
para poderlos educar.

Y todo el mundo dispone con gran ansiedad.
y los padres no se ponen de acuerdo
para dirigir el rebaño
tolerancia cero.

LA RESPONSABLE SIN AYUDA

Atender las/os niñas/os todo el día es un tormento mutuo
la madre llega al atardecer que hasta de ella misma se olvida
y las/os niñas/os resabiados todo el día
porque la madre quiere darles una buena dirección
que cuando llega el padre llegó la liberación y la destrucción.

El trabajo de educar sin colaboración
no va en la misma sintonía
el padre te desmorona señora el trabajo de todo el día.

No sabe colaborar y otorga su situación
la madre abarrotada solo encuentra indefensión
las/os niñas/os la aborrecen sin compasión
porque ella emplea su vida en su educación.

Con el padre encuentran liberación
y con la madre no colaboración
no se ponen de acuerdo
empieza la agresión
y el padre consiente a las/os niñas/os
lo que la madre no aprobó.

El padre no comprende el dolor de la madre
del trabajo que le costó
y por la borda lo echó sin comprensión
inconsciente empieza la agresión
y el padre consiente al niño lo que la madre no aprobó.

DESTRUCTOR DE LA EDUCACIÓN SIN IGUALDAD CASI INCONSCIENTE

La madre abarrotada de trabajo con su granja alborotada
no tiene colaboración del progenitor
empiezan las depresiones y las confusiones y sigue la marginación.

Mi madre es mandona y mi padre el guasón
que todo me lo consiente
desestimando de mi madre su amor con destrucción.

Por eso mujer trabaja donde te paguen el día
y que colabore su padre con valentía
que los tiempos han cambiado
es que ya llegó la hora con igualdad de oportunidades
libérate de esta traición que bien lo explica la Constitución.

Que se pongan de acuerdo los padres
no seas tu la desvalorizada ante sus hijos igualdad para educar
que las/os niñas/os sean felices comprobando igualdad
con una educación armoniosa ya.

No rebajes tu autoestima mujer
que pierdes dentro de tu casa desvalorizando tu persona
luego te arrinconan sin piedad
responsabilidad compartida con igualdad
trabaja fuera de casa para que tengas plusvalía iya!.

SOCAVANDO TU MENTE

Toda clase de artilugios mujer
a tu persona dedicados
para enseñarte a consumir
todo está bien estudiado.

Con el trabajo negado y no pagado
ofreciéndote el fregadero
no te pagan con dinero
mañana será otro día
tú sueldo acumulado
no cobrarás con esa esclavitud tu trabajo.

Así lo tienen pensado señora
un trabajo gratuito no remunerado
el sexo garantizado como una obligación
¡así rompe esa negociación! Se valiente.

Casi todo el pueblo controla tus pasos
con la libertad coartada las mujeres te critican
con las neuronas paralizadas.

Ellas se creen unas diosas
criticando a las demás
quieren criticarte anularte ansiosas
te van a criticar tienen ansias de libertad.

EL SOCORRISMO A LA MUJER SUFRIDA

Todo el día mendigando
con la piel deshidratada
casi te estas culpando
no caes en la cuenta
con una educación interesada
para que no estés valorada.

Con los niños llorando
mendigando una comida
el corazón desgarrado
por asignación de sentirte tan hundida y con todos otorgando.

Luchando sin solución aparente
todos los días mendigando
los organismos oficiales
sus parches siguen pegando
ellas comprendiendo callando y deliberando.

Es un gremio de mujeres
que a su vez están explotadas
para soportar estos agobios
que siempre están otorgando
sin poderes y tolerando.

Es un círculo de marginación
que casi a todas van socavando
con parches van tapando
el padre se va liberando
se va a otra naciones
la mujer tolerando con la granja sin soluciones
y los poderes públicos otorgando estas traiciones.

LOS AÑOS DESTRUYEN LA IGNORANCIA

Los corazones sufriendo
los poderes olvidando
los niños van enfermando
y la sociedad ofuscada
sin llegar con las soluciones.

Nada se va transformando
se recorta el bienestar
los poderosos olvidando
pronto se van a rezar.

Todos los años igual
ya estás envejecida
viendo a los niños llorar
por la educación sufrida.

Y pronto empiezan a hurtar
el tormento no superado
y al potrero con ellos
sin cultura y horrorizados
a olvidarlos y encerrarlos
con barrotes y hierros.

Así sigue la coacción infrahumana
de los pueblos oprimidos
y así los adinerados
los echan pronto en el olvido.

EL FOCO DEL MALTRATADOR

Va gestando su cultura agresiva
multiplicada por cuatro o cinco hijos
desde que están en la cuna
y heredando esa traición y tortura.

El niño no sabe discernir e imita
le atormentan el sentimiento
y aprendiendo desequilibrado
se hace igual de opulento
como su progenitor por dentro.

El niño nace y luego se hace
el ambiente lo moldea
y no grabar en los niños
que a la madre hay que marginar
el dolor de una madre no se puede calcular.

Un infierno en su regazo
con la pelota pagada por su progenitor
el padre tiene el dinero
y la educación comprada
el hijo a la madre querida olvida.

Y con un trato malvado los hijos
y la madre dolorida
que gobierna aquel rebaño
indefensa con la esperanza perdida
y con los niños comprados por el progenitor
la educación que tanto le costó destruida.

LA ALIENACIÓN PATRIARCAL DIRIGIDA POR LOS PODERES PÚBLICOS

La esfera privada secreta ¡muy fácil!
la han condenado al silencio
alienador de un trabajo embrutecedor
para no subsistir
con desprecio psicológico
y casi obligado.

La esfera pública mujer
no la podías alcanzar
te tienen en coacción
para poderte explotar.

La luz del día no brilla
los días son grises y amargos
estás tan oprimida y pensativa
que no sales del letargo
¡rompe con esas barreras!
que la vida es dulce no amarga
esas barreras coactivas
de amargura psicológica
han definido bien tu destino
con las luces apagadas
vives entristecida y aburrida.

El pueblo injusto
también te atormenta
la esfera está anulada
no ves la luz del día florecer
estas entumecida y abrumada
y así pasas los días pensativa.

DELINEACIÓN Y ESTRATEGIAS IDEOLÓGICAS

El padre es el mandón privilegiado
la sumisión desde la cultura
la igualdad es casi tabú señora
te viene desde la cuna
que viene el desprecio de la solución.

El noventa por ciento de mujeres
alineadas en cuatro paredes
casi obligadas
para las órdenes cumplir
indefensas y engañadas
y sin poder resistir.

Las ideologías
eran y son cómplices de esta marginación
tenían y tienen un convenio secreto
en forma de educación.

Hay un trauma de tormento
que hoy muy poco funciona
muchas madres han despertado
ya no hay tantas encerronas.

El clásico patriarcado del mandón
te tiene entorpecida
¡señora! Sí no te casas
las ideologías derribaste con tu talento
de por vida
casi a procrear te obligan.

EL DÉFICIT DE PARTICIPACIÓN ¡MUJER!

La participación para opinar
casi teníamos restringida
no podías ni respirar
la palabra prohibida.

Cuando opina una mujer en tertulias amistosas
las mujeres que se distinguen por sus buenos aciertos
a las otras las ponen muy nerviosas
con las miradas se sienten coaccionadas
y lo tienen tan grabado el tabú educativo
que les taladra sus mentes.

Estudiar para ellas era casi un delito
que ya hoy está abolido
le tienen terror a su amo
que en su rebaño les deja entrar
les asusta la represión impuesta
por eso muchas quieren cambiar.

Buscar la liberación no a la agresión
la asistencia monetaria limitada de pantalla
y es camuflada para tenerte con horror
y aguantes la marejada
coge tu destino nunca es tarde
para trazar otros caminos.

LA TRAICIÓN A LAS MUJERES EN LA HISTORIA

Al considerarnos ciudadanas marginadas
nos privan de participación
la historia los tienen trabados de ahí viene la actuación
hoy la mujer saca su inteligencia y su valor.

La esclavitud quiere tejer los señores
aunque tengan que matar no se puede resistir
en la provincia hay que participar
redacta un programa para empezar ya.

Hemos venido a sufrir nos dicen
la agresión desde la cuna
el patriarca dictador ya está haciendo lagunas
y tu con inteligencia engañando al dictador
a ver si toma conciencia de esta vida sin amor.

Ahora han cambiado las leyes
el artículo catorce en vigor
y la igualdad de derechos y oportunidades
es mejor para los dos sin protestas ni traición.

¿Cómo dices que me quieres? Sí no me dejas vivir
solo piensas en tus convenios
déjate ya de insistir.

EL HOMBRE PÚBLICO Y VALORADO

La mujer encarcelada en la casa
él está muy contento con su libertad
porque ella está bien domada
las cadenas se van rompiendo
y van desapareciendo los eslabones.

Todo es gratuito sin valor el sexo para él es expansión
y para ti mujer cuando no hay otro rincón

El Patriarcado va acabando ya se está desmoronando
y la mujer comprendiendo y con resentimiento ocultando
ella se busca su libertad trabajando y cobrando.

Mujer pública era el terror porque trabajaba
hoy se admira su preparación y su valentía
hoy es mujer honorable y cobra en Euros
y menos maltratada por la educación.

Las mujeres valoradas y destrabadas
del terror a la libertad
ya van a la universidad para obtener la liberación
con tus estudios y progresión. NO SUMISIÓN.

DERECHOS DE LAS MUJERES ANULADOS

El Patriarcado ha sido una traición
que el poder de turno ha utilizado y utiliza
que tratando de borrar tu persona como mujer
han negociado también tu inteligencia
porque las leyes todavía son destructoras
con las ideologías carroñeras.

La libertad restringida para la mujer
es infelicidad - tormento y desigualdad
hay que recuperarla ¡ya!
el amor por la libertad
es la armonía convencida de igualdad
y la renovación aprobado en la legislación.

Las mujeres al ser un objeto del otro "su amo"
están olvidadas de si mismas
no tienen ni el derecho a una habitación
para empezar a escribir un renglón.

Las capas bajas del país son las mujeres
hoy están explotadas y utilizadas en mayoría
estudios sociológicos de los países así lo demuestran
comprenden que ellos han negociado ocultando sus intereses.

Cuando todos somos libres de pensamiento
mutuamente respetados
¡viva la libertad armoniosa!
que el tormento ha terminado.

LA TUTELA FORZOSA NO QUIERO

La pasividad de las mujeres
es el engrandecimiento del país
para marcarle los pasos en billones
y oprimirlas hasta morir.

Si has ascendido a se un sujeto autónomo
ya tu puedes decidir
ya no existe la encerrona
la autonomía es para revivir.

Las mujeres te critican
envidian tu libertad
a ver si ellas se liberan
para que te dejen en paz.

Estas mujeres anónimas valientes
las leyes han desbancado
al ser individuales las mujeres
la libertad han comprobado.

Y las que tienen un amo
que las saben moldear
estarán amordazadas
porque falta la expansión
y el trabajo con libertad y a cobrar.

EDUCACIÓN PARA LA DEPENDENCIA

El ideal para la dependencia
la feminidad utilizada
diciéndote que eres débil mujer
para así volverte inutilizada.

Al creerte tan inútil
a tu edad te lo has creído
anulándote las neuronas
algún soberbio fornido.

Es tanta la humillación
que genético parecía ser
al despertar del letargo
empezabas a crecer
y tu mente ha comprender.

Al conocer la traición
de educación traicionera
la dependencia se ha olvidado
y eres tú la primera
que has roto esas barreras.

Es cuando empieza el conflicto
y al engaño a descubrir
la madre atormentada
y se quería arrepentir
porque estaba arrinconada
y se olvidó de vivir.

LA EXCLUSIÓN SOCIAL

La indefensión te inculcan
de la sociedad apartada
recluida en tu rebaño
para tenerte anulada y no remunerada.

Y como allí no cobras
se da un círculo vicioso
te sentías herida
y por los poderes recluida.

Así pasas la vida
con un yugo impuesto
que te agregaron muy joven
antes que despertaras tu talento.

El derecho a la educación
todavía no se fomenta
si tú sigues anulada
ya hay una nueva imprenta

Con engaños vergonzosos
te taraban las neuronas
para utilizar tu trabajo
fomentando una encerrona
tratándote de fregona.

ESCLAVITUD SOCIAL PARA LAS SEÑORAS

Los obstáculos al progreso impuestos
zancadillas descaradas por las ideologías
te inculcaban mujer que casi minusvalías tenías
y tenerte como esclava todo el día.

Los movimientos de cambios culturales
sus frutos se tambalean
es fuerte el atropello conservador
en tu mente una polea.

Ellos utilizaron sus mentes infantiles
haciéndote creer mujer
que solo tenías destreza
accionando solo un papel.

Las mujeres no exigen "libertad"
esta palabra era tabú
es que estás condenada
sólo para casera eras tu.

El engaño ha persistido
todavía están muchas horrorizadas
es un tabú para algunas
decir "estoy liberada"
y por las ideologías coartada.

TE SIENTES MANIPULADA

Con tu trabajo y sumisión
y sin un euro cobrado
la esclavitud en tu mente
y el poder con tu trabajo a enriquecerse.

La plusvalía de tu trabajo
está oculta en el país
para hacer los armamentos
para a tus hijos destruir.

Tu inteligencia está oculta
eres observadora secreta
ese dolor de oprimida
la felicidad incompleta.

Sin participación cultural
la subordinación es el dolor
las mujeres a la defensiva
es un martirio el terror.

Es la esfera del hogar
intereses bien contabilizados
para con tu trabajo gratuito
tener el país controlado.

TRABAJOS NOCIVOS Y MALVERSACIÓN

La reacción a tu trabajo remunerado
les molesta a las estructuras sociales
el convenio no les interesa
porque así tu eres nula en gananciales.

La opresión a las mujeres
es tenerlas bien controladas
es que te van amordazar
si te encuentras liberada.

La obediencia a la cocina
te tenían asegurada
no a la universidad
porque así tú no piensas
y estás apresada.

Ese maltrato psicológico a las mujeres
lo tenían bien tapado
tu inteligencia quieren borrar
con el miedo inculcado.

Y las madres ya atormentadas
encargadas de reprimir
y a las niñas asustaban y asustan
mira que puedes parir
y sin enseñarles a discernir
y en la vida si atrofiarte
y no enseñarte a discurrir para poder vivir.

CUANDO HACES TU TRABAJO REMUNERADO ¡MUJER!

Las jornadas superaban
y los sueldos desinflaban
ahora toca al empresario
explotarte con los honorarios.

Haciendo el mismo trabajo
la opresión es traición
les pagaban y les pagan
un sueldo muy inferior.

El jornal del abuso devaluado
y lo siguen repitiendo
el estado lo consiente
para que tu sigas sufriendo.

Los que se arriman al poder
lo intentarán de igualar
cuando vas a votar mujer
no te dejes más manipular.

Esa es la tapadera mujer
para el empresario abusar
no vuelvas a recaer.

Dos jornadas asignadas señoras
dentro y fuera del hogar
y con las venas quebradas
es que te quieren matar
impune se va a quedar
nadie ve tu doble esfuerzo
¡ya me voy a desligar!
descubriendo esta perversidad.

LA OPOSICIÓN EXCLUYENDO

El trabajo de las mujeres
el sindicato varonil
las está excluyendo
también las quieren confundir.

Un sindicato femenino que funcione
se fundó al ver la opresión
que sentían las mujeres
en su propio corazón.

Estas luchas dolorosas
siempre te están excluyendo
con la igualdad en la Constitución
con demagogia están ocultando tus derechos
y la Constitución ya te está valorando
aprovecha esta razón.

Les interesa irte olvidando el país encubridor
para tenerte infravalorada
enriquecer al país con tu trabajo
y que sigas bloqueada y destituida.

Una fuente de riqueza eres mujer
trabajo no remunerado jamás debes de hacer
contigo el país enriquecido
y tienen un buen convenio oculto
y obligándote a este destino ineficaz
desde niña accionando con un abuso mezquino.

LA MUJER NUEVA DESCUBRIDORA

La protesta ante la servidumbre femenina
tiene al país al descubierto
la doble moral ocultando
un engaño manifiesto.

La hipocresía de la doble moral
un negocio muy grandioso
es una lucha de traiciones
a tu trabajo valioso
esto es impuesto y pernicioso.

Anquilosamientos y engaños
también ha usado el socialismo
a ver si ahora va dando frutos
a la mujer de este siglo.

Es una prueba valiosa confusa
la mujer y el sindicalismo
porque ha ido contribuyendo
para que no vayas al abismo.

El horizonte se está abriendo
a fuerza de investigar
descubre tu inteligencia
que te querían anular.

UNA LIMPIEZA MENTAL

Ya noto que no me quieres
y me estoy entristeciendo
ya pienso en olvidarte
ya mi amor va muriendo.

Ya no quiero sufrir más
te voy a echar en el olvido
emplear la inteligencia
porque si no me derribo.

El sufrimiento es enfermizo
y me tengo que cuidar
usando la psicología
para poderte olvidar.

Esta vida es cambiante
yo no me quiero aferrar
cuando termina una ilusión
hay que empezar a cortar.

Empiezo a vivir de nuevo
¡y una limpieza mental!
yo quiero cambiar de pueblo
para poderte olvidar
y la terapia utilizar con libertad.

DE MI PUEBLO ME MARCHÉ

Cuando estaba en otra playa
y a lo lejos le avisté
eras un ser muy elegante
y de él me enamoré.

Él me vió a la distancia
que de lejos le observaba
y se quedó engrandecido
cuando vió que le miraba.

Una atracción especial
confrontó con mi mirada
era moreno y esbelto
que por la arena paseaba.

Él quería disimular
el fulgor de su mirada
yo me quedé engrandecida
y él ya no paseaba.

Así, si ya tú no me querías
y me estaba entristeciendo
ya me llegó la alegría
y por tu amor ya no estoy muriendo.

LA CONSTITUCIÓN ES VIDA

El artículo catorce de la Constitución
y la gran valoración apreciando
que ya casi estamos igualados
aviva la recuperación y cambio
no a la humillación.

Y a título personal señora
te la tienes que aplicar
con la autoestima y valoración
aférrate a este timón.

Con la igualdad de derechos
y programa de renovación en la religiones
que contenga esa igualdad
para hacer un mundo mejor
y no atropellar a la mitad de la sociedad.

Que tú tengas un poder armonioso
que las religiones te están negando
escribiendo nuevas directrices
para que sean fomentadas sin agravios
con igualdad para todos y renovadas.

Con tu pensamiento activo mujer
y tu humanidad plasmada
no metas otras ideas arcaicas
que las que tienes pensadas
y podían ser derribadas
y volver a las andadas
la malversación fue comprobada.

LOS INSPIRADOS ESCRITORES ARCAICOS

Los esquemas han cambiado
los escritores mandones en las religiones
no los quieren muchas mujeres
esa cultura de rencores
el género femenino quiere renovaciones.

Esos libros tan arcaicos dictadores
para todos destructores y mandones
con esta injusticia secreta
que destruyen los amores.

Esos textos destructores dictatoriales
las mujeres no quieren ya
hay bastante biografía
para poder renovar
las escrituras arcaicas de tradiciones y de maldad.

No interesa a los humanos
estos arcaicos tesoros religiosos
están destruyendo la convivencia
con dictaduras del dominio de lobos morbosos.

Las enfermedades malignas señoras
vienen de raíces maltratadoras
infectándoles la sangre con agresiones
y la salud la devoran con marginación
renovar estos esquemas discriminatorios
religiosos urgentes ¡ya! ¡ahora!.

LA CONCEJALA ACOSADA Y MALTRATADA

Cuanto nos haces sufrir *CONCEJALA*
al verte tan humillada por *"UN ALCALDE SEXISTA FASCISTA"*
tu con la cara de amargura
y por muchas mujeres despreciada.

Las mujeres asustadas no valientes
porque las podían echar de su partido
no usaron su *LIBERTAD* de La Constitución
y con las mentes congeladas te echaron en el *OLVIDO*.

Así todos los maltratos encubiertos van otorgándolos
y acomplejadas
no te mandaron un *e-mail A TÍ CONCEJALA*
y con la decisión cortada
las mujeres que en tu partido
hay muchas acongojadas.

Y yo me quedé impotente
al no poderte ayudar
y al oírte decir agobiada
que ni las más allegadas de tu partido
no tuvieron compasión de tí.

Y luego el maltratador
"DEL JUEZ MUY CARROÑERO"
que te clavaba un puñal
para que fueras al cielo
y tu no querías morir
irte tu solita al descubierto
aguantando el desprecio
de casi *TODO* el género femenino del país.

LA EDUCACIÓN POR INTERESES

Cuantas injusticias ocultas
mujeres corroídas por los abusos
engañadas desde niñas
con desprecios ocultos
que afloran en sus caras
se presiente el disgusto.

La educación no ha cambiado
las altas esferas corruptas
quieren seguir con estas riñas
aunque les cueste la vida.

Las raíces están podridas
y no las quieren renovar
los estudiosos otorgan
porque los pueden desplazar
otorgan la maldad educacional.

No estudian el problema señoras
para poderlo mejorar
están poniendo recortes
para monedas sacar
socarrones y tu a otorgar.

El fracaso es mundial psicológico
con las religiones escrita solo por señores
que se inspiraban a escribir sus intereses en las religiones
para tenerte callada
ellos muy socarrones cómplices de esta humillación
¡que resultado! nulo
ya no dan estas emboscadas.
SOLUCIONES.

LAS MUJERES CÓMPLICES

Están por el mundo entero casi destruidas
y ellas no reaccionan
los países se enriquecen
con este daño que deja mucho dinero
para el trabajo puntero
sin pagarte tu dinero y tu dignidad al descubierto
y el país encubridor enriqueciendo.

Las niñas están marchitas
con las defensas atrofiadas
con la sicología confusa y empobrecida
al profundizar su madre dolorida
queda descompensada - hermética - marchita.

No se estudia este dolor introvertido
deja mucho capital
para que las profesiones tengan donde trabajar.
y las heridas no estudiar ni compensar.

Tienes el corazón herido mujer
esto no quieres pensar y tratas de taparlo
que por sacar euros no pagados
te quieren explotar hiriendo tu dignidad.

Vamos todas a estudiar este fracaso mundial
este crimen consentido por nosotras nos atormenta
algunas somos cómplices
pudriéndonos en los nidos mujer
el derecho y el valor
de no *COLABORAR* más pues coarta tu *LIBERTAD*.

LOS SENTIMIENTOS OCULTOS

Los perfectos sentimientos
en el alma van calando
es que me acuerdo de tí
no puedo vivir llorando.

Mi vida vas taladrando
con el alma dolorida
este profundo dolor
que tu me has dejado herida.

¿Cómo te puedo olvidar?
¿si yo fuera capaz de renovarme?
del sufrimiento que tengo
si me pudiera olvidar
y cambiar mi sentimiento.

El veneno del amor
mi vida está destruyendo
¿qué tengo que hacer para olvidarte?
mi corazón está muriendo.

Procuraré cambiar totalmente
la mente ir liberando
no seguir en este gueto
que mi vida está tarando
y me anula por completo.

EL SEXISMO IDEOLÓGICO CONSERVADOR

El sexismo reforzado casi consentido por tí mujer
ronda en la educación sin renovación
muchas mujeres no son conscientes
y no buscan la liberación
otorgando desasosiego y destrucción.

Muchas se sienten alineadas por los poderes
y siempre están solapando
se encuentran acongojadas
a ver si así las quieren un poquito
la verdad está ocultando en silencio...
el inconsciente agredido sufriendo...

Haciéndose la sincera pero dolorida
la mujer de tu partido político
a ver si así no la hieren y a la defensiva
por que si no va al derribo sin compasión
ocultando un desequilibrio emocional y cultural.

No tienes la valentía mujer
de aflorar tus sentimientos
con una angustia en el semblante
te atropella ese desfase y tormento
ese corazón afligido mujer
y queriendo competir con intuición
ya vas rompiendo esos moldes
mucho antes de sufrir tu corazón.

LAS SUMISAS ENFERMIZAS

El corazón encogido mujer
tu cuerpo vas corrompiendo
aparentando felicidad ficticia
que no te la estás creyendo
por eso te vas hundiendo
¡A despertar ya!

Vas por la vida ofuscada
y no encuentras la salida
estás toda bloqueada por los poderes
la guardería prohibida.

Todos los campos cerrados
y tu mente a la deriva
tienes las redes echadas
por donde quieras que mires
la riqueza de tu inteligencia oprimida.

Tu madre es la guardería
para seguirla explotando
el dinero para gastos superfluos del país
y tu persona utilizando
y el gobierno con tu dinero triunfando.

Te aborrecen por sumisa infravalorada
por estar siempre otorgando
con la cara avinagrada
la sangre va infectada y enfermando
y tu la granja gratis vas criando
con el amor muy valiente
y así sigues esperando.

LAS INVISIBLES CALLADAS

Es que te quieren incinerar
no te dejan avanzar
el título en la pared pendiente
colgado sin utilizar
las guarderías hay que pagar
no a callar más ¡valórate!
no volver a procrear.

Como salida casarte y "agradecida"
eres el eje del mundo
resolviendo los problemas
dentro de "tu capital" y sin cobrar.

Invisible y mal querida
por el núcleo familiar
si no eres buena chacha
casi todos van a protestar
y tu dolorida a callar no quieren colaborar

Una sumisión impuesta señora
para ahorrar gran capital
con toda clase de anomalías
que por ser mujer vas a cuidar
y ahorrarse el país el gasto del hospital.

No se te ocurra protestar
que muy mala vas a ser
tienes que estar calladita
para un poquito comer
coge ya tus riendas
que cobrar es un placer.

TE MIRAN CON DESDÉN

Tienes que demostrar mujer
que eres un poco tarada
si demuestras inteligencia
ya no te ven muy honrada.

El sufrimiento es mutuo
uno que sí otro que no
los dos se están engañando
la sinceridad en un rincón
con tormento y sin razón.

Todo es una falsa mujer
un sufrimiento mental
todo el día están observando
como te vas a portar
guiada y sin protestar.

Las mujeres te van a criticar
desorientadas doloridas
sufren mucho ya
procreando y sin cobrar.

Es un disgusto vivir mujer
cuando se va la pasión
empieza la intolerancia verbal
y a destrozar tu corazón.

Parece una maldición con las caras ofuscadas
no toleran ni tu voz quieren que vivas callada
para tapar tu dolor
mucho quieres a tus niños
pero contigo no tienen compasión.

LA LIBERTAD ES TUYA, MUJER

La igualdad de derechos y oportunidades
plasmados en el artículo catorce de La Constitución
si llegas a utilizarlo mujer
activarás y alegrarás tu corazón
da vida tolerancia y comprensión.

¿Si no conoces La Constitución?
el artículo catorce
(igualdad de derechos y oportunidades)
te explica tú libertad
con perfecta descripción
te explica tus derechos
de tu ágil valoración.

La Constitución es tú liberación
empléala con armonía democrática
casi todo el mundo te rechaza
emplea ese derecho armonioso
hasta dentro de tu casa.

Una debe ser tolerante
el otro es mi patrón
el papaíto secreto y mandón
lo llevan en la educación dictatorial
intentan anular tú inteligencia.

Esos moldes tan arcaicos
como cárceles impuestas
las neuronas adormecidas sin valorarte
rompe esa jaula cerrada
¡mujer olvidada!.

LAS CULPABLES INCOMPRENDIDAS POR INTERESES

Te crean un núcleo enfermizo
te tienen atormentada
te culpan de casi todos los males
y tu siempre resignada.

Esas barreras de hierro
tienen que ser perforadas
las niñas atormentadas
de notar ese acosamiento.
.

Hay muchas mujeres que se culpan
atrofiando su pensamiento
se creen culpables de todos los males
las mujeres domadas eso te inculcaron.

Así te lo han hecho creer
rompe con esos moldes busca la liberación mujer
asesorada por la justicia es posible la renovación
desconéctate de esa traición.

Un estudio muy grandioso
favoreciendo en la pareja amarrada
que no repita este daño
culpada y desorientada
agredida y tu asombrada.

Rompe con este engaño traicionero
mujer antes de morir
que no te hagan más daño
casi todas se van a podrir por sufridoras
con educación desviada y traicionera
vas a sucumbir con el dolor
de que no te quieres ni a tí.

EL AMOR GRANDIOSO, OLVIDADO

Ya noto que no me quieres
y me estoy entristeciendo
estoy sufriendo mi amor
y por ti de dolor estoy muriendo.

El disgusto que yo siento
no se puede definir
ya no puedo ni pensar
y por tí voy a morir.

Cada día que te veo
mi cuerpo se desmorona
como te voy a olvidar
si tengo esta encerrona.

Los atascos de la mente
sí se pueden resolver
a ver con el desamor
si lo pudiera entender.

Voy a intentar olvidarte
la inteligencia utilizar
con un viaje muy lejano
me voy a transformar.

A TRAVÉS DE UN CRISTAL

Cuando te veo en el jardín
a través de los cristales
renuevas mis ilusiones
desaparecen mis males.

Te observo todos los días
una imagen espiritual
me alimenta tu presencia
cuando al jardín te vas a regar.

Con las flores te comparo
cada día en el jardín
me despierto muy temprano
pensando solo en tí.

Una química especial
mis ojos han contemplado
el moreno de tu piel
y el cabello dorado.

Tu delgadez armoniosa
y tu altura deslumbrante
me tienen entusiasmada
y soy feliz al observarte.

LA MORDAZA MENTAL DESDE NIÑA

Sientes tu persona amordazada mujer
con la educación reprimida
soy consciente
voy a desarrollar mi inteligencia
porque ya me tienen hundida.

Te han asignado un papel
para el país productivo
ya no sé quién soy
no puedo salir del nido
tengo que buscar ayuda
con el talento invertido.

A fuerza de descalificativos
tu cuerpo va infligiendo
arrinconando tus palabras
y de pena vas muriendo.

Esa gran humillación
no la puedo soportar
tengo que romper barrotes
aunque me quieran atormentar.

Gracias
ya pienso en mi persona
una luz me iluminó
voy a salir de este engaño
aunque tengo que intervenir yo.

INSPIRACIÓN Y RENOVACIÓN; TRAUMAS

Con los siglos transcurridos mujer.
ya no tienen valores los inspirados escritores
el arrastre con tanta amenaza en las religiones
tienen que estar renovados con otros valores.

Nos atrapan con esos cabos dolorosos
que mucho daño han producido
tal como nos demuestra la historia
hay que echarlos en el olvido este engaño sin igual
por el desamor a la mitad de la humanidad.

Para toda la vida amarrados sin solución
ya no tienen validez esto está arcaico
renueven el vocabulario ofensivo
dirigido a tí mujer
que Dios nos inspire otra vez con amor y libertad.

Esos libros de antaño
hacen un daño mundial
como voy a creer en las religiones
si me quieren aplastar y amordazar.

Si tienen inteligencia señores
si se quieren renovar
no sirven esos refranes obsoletos
para poder avanzar
no sigan martirizando
a la mitad de la sociedad.

INSPIRACIÓN DE DIOS; RENOVACIÓN

Esos inspirados trasnochados
nadie los quiere seguir ya
que Dios nos ilumine mujer
para renovar el perfil
y así le vamos a seguir
Dios ayúdanos a discurrir.

Esos miedos de traiciones
dictatoriales religiones
las mujeres ya no quieren oír
serán que están inspiradas
para cambiar el perfil.

A las menos preparadas indefensas
las tienen atolondradas
con un declive de clientes en las religiones
es verdad que han fallado rotundamente.

Me empeño en entorpecerte mujer sumisa
y no quiero renovarme
te obligo a que me quieras
y a tu mente perturbarte.

Porque me quieres obligar dictador
si Dios es amor bondadoso
y me quieras atolondrar mi mente
con esos traumas morbosos.

LOS INSPIRADOS SEXISTAS

Las mujeres rechazadas de todas las religiones
en todas las religiones rechazo a las mujeres
con el daño producido
sus frustraciones conllevan
inspiradas se activan y se renuevan.

Esos maltratos pasados
de señores dicen... inspirados
rechazando a las mujeres
ellos mismos se han martirizado.

¿Qué es lo que hay que descubrir?
para que los señores lo puedan entender
el daño ha sido de grandes crímenes
ahora las mujeres al poder para resolver.

Hay que cambiar los papeles señores
no seguir entorpeciendo
la casa un nido de morbosos
por el progenitor intolerante
y la gente introvertida y sufriendo.

Con unos días armoniosos
la vida sería un jardín
con tantas flores hermosas
que yo planto para tí.

EL TRAUMATIZADO BRUTAL

El hombre nunca protesta
se cree el redentor
la casa llena de morbo
que así lo transmitió.

Casi inconsciente
por educación
no colabora
educación mal dirigida
si destruye el amor.

Por un orgullo brutal inconsciente
casi todos estamos sufriendo
el desamor en el mundo
hipocresía latiendo.

Renovación y colaboración
con amor reverdecido e ilusionante
el cielo estaría en la tierra
el amor engrandecido y triunfante.

Muchos se van a reír
con una risa socarrona
con un orgullo traumático
se crean estrategias burlonas.

Fuera esa falsedad mujer
que mucho daño nos han hecho
renueva esas estrategias
que ya hemos logrado un derecho.

INSPIRADAS LAS MUJERES OFENDIDAS

Las mujeres son el eje del mundo
de esta gran renovación
inspirarnos para escribir
que ya el tiempo nos llegó.

Ya no seamos más cómplices
de esta gran traición mujer
escribir unas escrituras nuevas
inspiradas por nuestro Dios
y escribir la renovación y religión con igualdad y amor.

Dios te está iluminando señora
a tu persona con amor influida
que le hables a las mujeres
para renovar estos siglos de traición.

Renovación e inspiración no adaptación
como ha cambiado que Dios es amor
para sembrarlo en el planeta
con armonía no traición si amor
iluminadas las mujeres
para el mundo no la destrucción ni el desamor.

Eres el eje del mundo mujer
mujer que ya Dios te inspiró
con esas traiciones y religiones
que no contienen amor si infracción
igualdad comprensión y renovación.

LA ASTUCIA POLÍTICA E IDEOLOGÍAS

Las ideologías unidas mujer
tu mente han taladrado
haciéndote creer deficiente
y que eres un ser anulado incompetente.

Con una gran astucia a la adolescente
que muy mal han utilizado
creyéndose que te engañaban
te has despertado horrorizada.

Cuanta astucia han desplegado
para tu mente bloquear
utilizando el poder
para tu inteligencia derrocar.

Esa astucia ha aflorado mujer
por tu inteligencia descubierta
la trama de que trabajes
y que de hambre te veas muerta
porque pagarte ni intentan
los fraudes no alimentes.

EL LARGO DE TU PELO, MUJER, TE ADORNA

Tu pelo te ha entorpecido
con tamaño teatral
que te ha comido el tiempo
y no has podido estudiar.

Los años perdidos pensabas mujer
no te indujeron a estudiar
la inocencia te engañó
no pudiste despertar y nadie te suplicó.

No pudiste descubrir las horas perdidas
ni nadie te aconsejó
niña no pierdas tantas horas
vete a la universidad a descubrir tu valor
a lo mejor te valoras tu
el tiempo has perdido
y has dejado pasar tu liberación.

Pelo largo mente corta
por las horas invertidas
y cuando reaccionaste
ya estabas comprometida
tu amo te contrató orgulloso
para irte a la cocina y sin darte una propina.

LA LIBERTAD ES PARA TÍ, SEÑOR

Tu mujer a la cocina
que yo me siento a leer
el periódico combinado
el chismito la revista para ti es mujer
y para la niña el cuentito.

Te lo tienes tan grabado mujer
que chacha tienes que ser
tu no leas el periódico
que no lo vas a entender.

A tu niña le transmites
que tu no tienes derechos
y la niña ya te imita
sin conocer el trayecto.

Les quieres atender muy bien mujer
para que te quieran un poquito
esos son intereses
no lo confundas amorcito.

LOS SEÑORES FAMOSOS, DICEN

Métete en el fregadero mujer
quiero estar bien atendido
estoy escribiendo un libro
ella dice "es obra de mi marido".

No me toques en la puerta mujer
quiero que trabajes calladita
que yo soy valorado
y tu eres una bendita.

Ya te han dicho que al lado
hay una "esclava mujer"
que me sirve como nadie
para yo poder valer
y mi cultura y patrimonio enriquecer.

Eres el eje del mundo mujer
"una maruja cabal"
si te alcanza la inteligencia
para ponerte a pensar y a cavilar
¡empieza ahora!
nunca es tarde valórate ¡ya!

EN LA PASARELA LAS MODELOS
LOS TRAIDORES SEXISTAS

Con la carita tapada tu mujer
te diriges a desfilar
las modelos doblegadas sumisas
cohibidas sin protestar y a desfilar.

Y un joven, repelente de sexismo
pensando en fama sacar
abusa de las modelos
con la carita tapada
que así van a desfilar
para él darse a conocer
ya te han vuelto a utilizar.

En este año dos mil tres
es increíble creer
que todavía con sadismo
se utilice a la mujer
para él darse a conocer
sinvergüenza con placer y cinismo.

Es incalculable el nivel de sexismo
que puede ese sádico tener
imponiendo unas caretas en las pasarelas
para tí mujer
para llamar la atención y divertirse a la vez.

Y algunas muy valientes dolidas
se quitaron el deficiente maltratador
algunas se marcharon con inteligencia
viendo el burka del terror.

EL ABUSO DE LA JUSTICIA CONTRA LAS MUJERES

Como hay tanto cinismo en los poderes
cuando hay el privilegio de una separación
los niños se siente liberados
no quieren vivir ofuscados
te marchas a trabajar
y los niños abandonados.

Te obligan a trabajar
los dejas en la calle tirados
con los estudios desatendidos
por una sentencia perversa
la justicia hay que renovar
madre te obligan a trabajar doble jornada
ocho horas más.

Su autoestima ya perdida por los abusos
sus atrasos considerables
como la justicia española
con un destino infernal
tus hijos desatendidos
por que tienes que trabajar
esto es un desprecio más a valorar
no te pagan tu sustento
para los niños poder cuidar.

El señor se queda en casa "el maltratador"
las pertenencias perdidas
los niños desarraigados de los colegios
la justicia pervertida.

Ese desprecio macabro consentido
quien lo podía pensar
¡la justicia hay que renovar!

ESTO NO ES LIBERACIÓN, SI OCULTACIÓN

La mujer adinerada "tapadera"
está en el mismo redil
pero muy bien disimulas
lo que te quiero decir.

Otorgan la discriminación
con un optimismo fantasioso
porque gastando dinero
sienten una liberación
olvidando su frustración.

Disimulas la realidad mujer
con una risa socarrona
y vives la libertad ficticia
con tú desequilibrio emocional
tratándolo de ocultar.

Estás colgada del capital
que ocasiona muchos placeres
solapando la realidad infernal
y criticando a otras mujeres.

El dinero es libertad y fantasía
todo se puede complacer
se puede vivir más libre
y otorgando la realidad verídica
que se ve a flor de piel
y tú amor sin renacer.

EL CORAZÓN ENDURECIDO DE DESPRECIO

Seguro que no te quiero
te lo estoy demostrando
te oigo con amargura
y no me lo estoy asignando.

¿Cómo puedes ser tan duro?
oyendo mis sentimientos
y no se arrepiente tu alma
que yo de hambre este muriendo.

Si no puedo caminar
me dejas abandonada
todas las puertas cerradas
¡es un crimen! y tú otorgando.

Yo no me puedo valer "indefensa"
y con los pies bien cortados
no te importa que yo muera
y tu poder bien sobrado.

Necesito que me ayudes
para no morir de pena
tengo esa necesidad
que mi mente no funciona
para mí es una condena
que mi cuerpo no es capaz de reaccionar
¿qué es lo que puedo hacer?
si no me quieres ayudar.

EL ENGAÑO BIEN PENSADO

Vas a servir de criada en todos los campos
ahorrar mano de obra en el hospital
porque ya te tocan las fibras sentimentales
si te niegas gratis a trabajar
estudiada para ti mujer está la desigualdad.

Mujer el país está otorgando
y desvalorizando tu persona
tu capital acumulando de tu trabajo
y cuando estés envejecida "marginada"
tus gastos te estarán negando
y necesidad estás otorgando "indefensa".

Por vergüenza una "propina"
te asignarán ya rezongando
y tus atrasos guardando en la hacienda
y armamentos con tú dinero fabricando.

Y tus ahorros negando cuarenta años trabajando
no te los quieren pagar
les criaste atendiste tus hijos para el país
ahora no te quieren atender con el amor que trabajaste
ni abonar tu capital te lo quieren negar
Ni el país ni tus hijos te quieren colaborar
¿Cómo caíste en esta trampa? mujer
por el amor a tus hijos
y la educación para poderte utilizar.

EL TRABAJO REDOBLADO CON EL EMBARAZO

Es que estás embarazada mujer
y tienes que trabajar doble jornada
cuando necesites descanso
ya no puedes descansar
y con las venas quebradas.

En mi casa otra jornada
el embarazo adelante
trabajo ocho horas más fatigada
en mi empresa sin descansar
en pie y observada
la biología adelante con el embarazo
es que me quieren matar
con tres jornadas de trabajo.

Tres trabajos en función de tu cuerpo
El embarazo funcionando
y la biología desarrollando
en un trabajo estoy cobrando
y en los demás explotada y otorgando
y tus hijos exigiendo
y sin comprender "tu tormento".

Las venas se van quebrando y deteriorando
tu mente se va autoagrediendo
el embarazo adelante
y tú al país enriqueciendo
y todo el mundo otorgando
este desequilibrio que para ti es un tormento.

LOS APELLIDOS DE TUS NIÑAS/OS

Yo sé quien es tu padre mi hijo
piensen un poquito
que mi apellido voy perdiendo
¿por qué a mi no me preguntan? ¡señores!
mi palabra es lo primero la biología no falla
hay que ser sinceros.

Esa posición ingenua preventiva es obsoleta
tú apellido mujer es el primero
porque tu la madre ya se sabes que eres
y quieren hacer valer con inmadurez infantil
lo que no has comprendido jamás.

Tu sabes quién es el padre de tu hijo mujer
y para que sea más fiable
el apellido tuyo el primero tienes que poner.
esa ingenuidad no se puede hoy comprender
así que todos los apellidos renovados otra vez.

La vida es de la madre el primero
y no se estén engañando señores
esa gran ingenuidad no se puede consentir
hay que regularla ya para que tenga validez
y no esperar a mañana no te engañes más otra vez
que es tarde ya a valorar y pensar la biología no falla
ya buscamos la verdad no a la ingenuidad incomprendida.

LAS TELENOVELAS ENTORPECEDORAS

Las novelas en los medios televisivos
para guiar tu personalidad mujer
con engaños amorosos
hacerte creer que ese es tu camino genético
para que no puedas pronto despertar
y atrapar tu decisión.

Todo está estudiado mujer para tí
para que no vayas a estudiar
para con esos cuentitos infantiles
atrapar tu libertad y tu mente anular.

Las usan los países como coacción educacional
para garantizar la prole sin pagar
no tener que pagar este capital
y las guarderías quitar.
y con tu inconsciencia educacional
¡valórate ya!
"a la maruja" garantizar y los billones ahorrar.

El caso es garantizar la servidumbre mujer
como no ibas a cobrar
eras para rezar y perdonar
ya eso se sobreentiende
no mas ingenuidad.

Gratis vas a trabajar en tu casa
hasta que despiertes es tarde
¡Ya, renovación!
Sino a pedir limosna irás
y te la van a negar.

LOS POLÍTICOS TE ENGAÑAN CONSCIENTES

Las mujeres discriminadas e ignoradas
asignando a "cuatro" elevadas a los puestos
en el gobierno de turno
y "el noventa y cinco por ciento" reservado para los señores
con agresividad van hundiendo tu conocimiento.

Te quieren hacer ver mujer
que te tienen valorada haciendo política contigo
cuando hay votación engañada otra vez
y en el Parlamento aplastadas no tomas decisiones mujer.

Tu no tienes validez con tu escaso porcentaje asignado
ellos ganan todas las votaciones
creyéndote que te valoran
con demagogia tu palabra la arrinconan con las votaciones
así nunca podrás defender tus propuestas de cambio.

Más del cincuenta por ciento de mujeres
debe de haber en el parlamento
tienen que haber mujeres valientes y concienciadas
presentado propuestas para los cambios necesarios
para tus ideas exponer y así poder comprender.

Para poder pedir derechos y obligaciones
en igualdad de condiciones
las mujeres tienen que acceder a los puestos de decisión
así estás hundida en el fregadero de tu cocina mujer
si no colaboras en las altas esferas
aquí no hay nada que hacer.

Con un partido político de señoras
con algún señor también el cambio lo podríamos ver
podrías un día ascender realizándote
y tus opiniones exponer.

LA CASA, UN LUGAR DE INCOMPRENSIONES

Casi cada casa es un lugar hostil
donde funciona la voluntad del padre
los hijos imitan los comportamientos agresivos
del padre hacia la madre
el padre inconscientemente por una educación trasnochada
sigue utilizando los mismos esquemas de antaño
que para hoy no tienen validez.

Los niños casi lo llevan en los genes
trasmitido en el ambiente
con psicología imitativa
parece una fundación infecciosa
de intolerantes y santurrones.

La madre es el símbolo controlador armonioso
psicológicamente no la escuchan por tener un espíritu conciliador
y ella con su sano amor indefensa y sin comprensión
todos los días les alimenta esperando un cambio hacia la armonía.

La mujer tienen una gran coacción fundacional
desde los poderes públicos
el hombre convencional egoísmo premeditado
en secreto viviendo y pensando ella ¿cómo salgo de este gueto?
su amor va muriendo
aislada al ver tanta incompresión y sin estudiar nadie la situación.

Tus controversias dentro de tú casa mujer
te dicen los poderes públicos no los saques a la luz
te desvalorizan sin compasión
estás trabajando todo el día pensativa. . .
al comprender el desamor estás que te mueres
rompe esas estructuras.
dale a tu vida armonía - salud y libertad.

LA ABLACIÓN, TRAICIÓN DE LAS RELIGIONES

Me enseñaron a martirizarte niña ingenua
estoy convencida de que hay que anularte
si no te corto el clítoris para anular tu sexualidad
me creo una pervertida.

No puedo convencer mi mente
de dejar tranquila tu naturaleza
niña quiero atormentarte
me manda mi religión
porque si no me aniquilan los mandones.

Te atropello con dolor y tristeza
es que estoy muy asustada
la sociedad me maltrata
si tú no eres maltratada.

Me tienen tan confundida
quiero ser obediente
mi religión lo consiente
si no me mata la gente.

Yo si comprendo tu tormento
tu naturaleza avasallada niña
me lo ordenan los poderes dictatoriales
por eso eres maltratada
y sin piedad utilizada
por unas mentes malvadas.

LA MUJER DOMADA UTILIZADA

Tus pasos están siguiendo
conocen tu tradición
que eres una pieza fácil
de ficticia confusión.

Conocen tu débil autoestima
saben que puedes caer
intentan utilizarte
para asistenta tú mujer.

Quieren utilizar tu talento
para dirigir tú destino
no sigas en la abnegada obediencia
para no heredar el mismo camino.

Con un amable instinto
de cultura libertad y amor
empezar tu nueva vida
y no volver a enfangar tu corazón.

Empezaste sin distinguir
sin conocer la situación
y te has pasado la vida soñando
sin estabilidad y sin comprensión.

GUARDERÍA INFANTILES EN LAS EMPRESAS
PARTIDO POLÍTICO DE MUJERES

Guarderías en las empresas
el gobierno debe establecer
para trabajar a gusto las mujeres
con armonía y placer
viendo a sus hijos crecer.

Un partido político de mujeres y "un señor de florero"
lo podrían conseguir
porque son las directrices
para tener un buen vivir.

Se acabarían las discriminaciones
al género femenino
las guarderías infantiles implantadas
sería el mejor destino.

Con un partido político de mujeres
avanzaría el mundo
y con "tres señores de florero"
para que no te critiquen
se acabarían las desigualdades en las sociedades
con convenios muy certeros.

Ya existen en Madrid - Barcelona y País Vasco
los partidos de mujeres
se saldría de estos pensamientos arcaicos
de "la maruja encerrada"
encarcelada sin delito
si no lo haces tú mujer
eres anulada
todo el día rezongando
bien domada e infeliz
y la rabia acumulada-desbordada y la familia afectada.

DESCONCERTADAS POR LA RUTINA IMPUESTA

Muchas mujeres te odiarán señora
por lo que hemos contado
porque algunas son más machistas que los hombres
por la educación recibida
porque somos nuestras propias enemigas
por eso no hemos triunfado.

Las ideologías les tienen el pensamiento robado
por esta educación temeraria para todas
que ya hemos abordado
proponemos un cambio mental
y tu misma te eches un cabo.

En el fondo estás dolida mujer
no lo sabes descifrar
tienes miedo no te desvalores más
con unidad y afecto vamos juntas a avanzar
y colaborar para las leyes cambiar.

Con una educación anacrónica
difícil de erradicar
vamos a luchar juntas señoras
No nos vuelvan a explotar coge ya tu libertad.

Ya lo irás comprendiendo
yendo a la universidad para despertar
para los siglos de resignación impuesta
borrarlos del mapa ya.

LA MADRE DOLIDA

Como me duele el alma mujer
de verte tan abatida
que no puedes comprender
te avasallan toda tu vida
y lo asumes como un delito
de por vida dolorida.

El dolor que aflora en tu mente
el corazón dolorido
al verte tan despreciada
y te echan en olvido.

Has dado todo tu amor
luchando con alegría
y ahora te veo derrotada
y sin compasión para ti en la vida.

Casi todo el mundo te rehuye
porque te ven fea y vieja
te destruiste tu cuerpo hermoso
casi todos de tí se alejan.

Esto que no se repita mujer
que mucho te has sorprendido
todo lo que tú los quieres
y ahora te echan del nido.

EL ENGAÑO Y TRAICIÓN SIN LÍMITES

Vive ya tu libertad mujer
tienes flores en tu casa
no le pongas mucha atención
con derribo de berrazas
te atrapan el corazón.

Rompe esos cimientos ficticios
no conoces la traición
tienen doble el pensamiento
y derrumban tu amor.

Vivir con libertad comprensiva
tu ámbito es sagrado
si mezclas mucho el ganado
muy pronto vas a llorar.

Tienes la dificultad mujer
de quedarte adormecida
sin conocer la maldad
que te transforman tu vida.

Andas por el mundo errante
la libertad controlada
no te engañes ni te traiciones
tu vida puede ser muy floreciente
si haces la despedida.

EL INSTINTO DICTATORIAL CONSENTIDO

Ya sé que tú estás sufriendo
por el choque generacional
que enredan las represiones
para la libertad
rompe con esas barreras
ya no quieras sufrir más.

Sé que te ves dolorida mujer
sin poder para avanzar
pero con tu inteligencia
ya muy pronto vencerás.

No paralices tú talento mujer
después de tu laberinto
te atropellan inconscientemente
con la ignorancia y el instinto.

Ya ponte a trabajar mujer
donde te paguen dinero
desarrolla tu poder
no vuelvas a los linderos.

Trabaja donde te paguen
no vuelvas a recaer
valórate ya mujer
nunca es tarde para vencer.

LAS IDEAS NUEVAS RENOVADAS

El aprendizaje trabajoso y armonioso
por los años que has vivido
te cuesta mucho dolor el olvido
y te tienes que renovar
aunque te cueste trabajo mental
no abandones adelante y a renovarte.

Me siento con mucho afán
de poder renovarme
para seguir avanzando
investigando el porvenir
y así quiero vivir.

Quiero seguir sin convencionalismos
con esfuerzo y con tesón
quiero seguir adelante
con todo mi corazón.

Quiero seguir observando
y el futuro descubrir
quiero seguir adelante
para así vivir feliz.

EL COMPLEJO DE SUPERIORIDAD EDUCACIONAL

Los señores se han creído
con un complejo de superioridad
pretenden arreglar el núcleo familiar
y todo se ha vuelto fatal
no han sabido analizar.

Y con esa prepotencia
se han querido superar
y este mundo se transforma
teniendo humildad.

Esos complejos dañinos
a las familias tienen hundidas
y transmitiéndoles a sus hijos
con la cizaña incluida.

Esos dones ya no sirven señores
los hay que desterrar
buscar nuevos caminos
las mujeres quieren avanzar.

Rompe con esas maneras
que sólo te vas a ver
te crees el superior y el culto
a nadie vas a convencer
todos te van a echar en olvido
con esa forma de ser.

INFANTIL PENSAMIENTO DESFASADO

Desde niña se ha inventado
acomplejar a la mujer
casi lo han conseguido
y ya ella no quiere volver a recaer.

Utilizando una astucia
de valoración infantil
ya no me acomplejas más
ya no quiero más sufrir
márchate de mi morada
yo puedo vivir sin tí.

Descubriendo estos errores
que te querían transmitir
ya no me traiciones más
eres un hombre infantil.

Desde las altas esferas
vienen estos pensamientos
ahora que he despertado
ya lo estoy reconociendo.

Ya no te puedo querer
el daño está plasmado
con tu infantil pensamiento
invéntate otros roles
que tu no tienes pensamientos
para vivir con amores.

¡YA! PIENSA TU VOTO

La política señoras es la valoración
sería nuestra liberación
eligiendo con destreza
una gran revolución.

Si lo hiciéramos conscientes
ya las cosas cambiarían
utiliza tu autoestima
para votar ese día.

Somos el eje del país sin remunerar
si quisiéramos lo cambiaríamos
un partido de mujeres progresistas
y algún señor de adorno y de envíos
sería bueno para todos asociarte
te critican si pones libertad y olvido.

Sería un avance
comedores gratuitos
muy espectacular mujer
por hacer guarderías
para tu trabajar con libertad
liberación colaborar y remunerar
no te retraigas más mujer
tus derechos úsalos ¡ya!.

TRABAJO REMUNERADO ¡YA!

Por eso trabaja ya mujer
sigue adelante
donde te paguen al día
porque así no te enredan
quitándote tu plusvalía.

Tus hijos son liberales
con ideas tacañonas
y así te van excluyendo
vas envejeciendo
le molestan tus problemas
no tienes un euro
trabajaste por amor
todo se vuelve oscuro.

Te olvidan con silencio
y sin su amor ofrecer
te vas a los mercadillos
a porquerías recoger
trabaja donde te paguen mujer
no vuelvas a recaer
si tu no cobras tu trabajo
nadie te da de comer.

TUS VACACIONES PROHIBIDAS

Andas por el mundo errante
con trabajo bien sobrado
todo el mundo rezongando
tu eres tu propia destrucción
con tu sumisión.

El gremio bien
con festejos superfluos
exigiendo te recriminan madre
¿dónde están mis calcetines?
¡sal ya de la cocina!.

Búscame las braguitas
¿mi toalla dónde está mamá?
con cinco hijos tragones
no quieren colaborar.

Su padre un socarrón encubridor
el mismo está insultante
¡muchacha deja los niños!
es que no hay quien te aguante.

La más mínima consideración
no tienen contigo tus corderitos
su padre los alimenta
para que salgan machitos.

Para ti no hay vacaciones
es un martirio traidor
todo el mundo te obliga
tu sumisa y te mueres de dolor
las venas tienes quebradas
para ti no hay compasión.

LA DECISIÓN DE LA MUJER EMBARAZADA

Se me aflige el corazón mi niño
y tu no eres consciente
decidiendo estoy por ti mi amor
como una mujer valiente.

En las guerras no quiero verte
son para destruir
qué como estás en las nubes
yo tengo que decidir por tí.

Así que lo sigo pensando
yo soy la que tengo que decidir
el problema es mío
y soy una mujer feliz
porque de mi cuerpo
tengo yo que decidir.

Son las ideologías destructoras
las que quieren pensar por tí
todas estas estrategias mujer
te intentan confudir
para que no seas tu la que debe decidir.

LA SUMISA MUJER (DE MUJER A MUJER)

Yo estoy conforme recogida
cobijada y a la sombra de mi amo "mi marido"
sin vacaciones hipnotizada-inconsciente y atolondrada
es que oírte me asombras mi niña
tu no sabes que hay que aguantar la marejada.

Mi niña tu no protestes
que para eso eres mujer domada
no protestes mi niña ¡cállate ya!
horrorízate calladita no demuestres lealtad
un caldito vas a comer no vuelvas a protestar.

Mi niña cállate ya mujercita
no hubieras nacido mujer
hay que estar tranquila otorgando
para que te puedan un poquito querer.

Yo agradezco este cobijo mi niña
ya que nací mujer
no tenía otra salida
voy a hacerme la bonanza
para así poder vencer
para un poquito adormecer.

Hazte un poco la simplona mujer
para que haya armonía
¿Qué vamos a hacer chiquilla?
a la defensiva dolorida y frustrada.

Sonríete hasta sin ganas
la pelota hay que hacer mujer
porque si te notan listilla
te intentan entorpecer.

ERES EL NEGOCIO DEL PAÍS Y ¡TU, SIN PLUSVALÍA MUJER!

Todo es un engranaje mujer para tí
y tu casi consentidora y sin salida a la vista
desde muy joven te taran tu mente
para que estés conforme y confundida.

Es un nido de ataduras para la mujer
sirviendo de guardería de niños y ancianos
tu persona agobiada todo el día
y el país enriquecido con tu trabajo
sin tú recibir tu plusvalía
mientras estés sumergida en esta agonía.

Cuando el protector también engañado
él no lo quiere pensar. . .
intenta evadirse de su responsabilidad
no aguanta el ambiente infantil
y con su libertad desaparece todo el día
buscando un placer banal.

La señora resabiada sin colaboración de su pareja
el señor aparece cuando el sueño le venció
no conocen ni a su padre los retoños
la vida sin solución para la agredida
con la responsabilidad para ella y sin SOLUCIÓN.

El padre escapa temprano
no quiere el bullicio de los hijos
en la que él es cómplice
no quiere involucrarse en la educación
no sabe como solucionar ese desequilibrio psicológico
también él es víctima de una educación ancestral
y no se quiere implicar.

LOS PALOMARES SIN JUSTICIA

Metidas en pisos-palomares
todo el día sin bajar a los jardines
envejecidas pensando en una salida
sin entrontrar los fines
terminan desquiciadas y abatidas.

Y como una condena como encerrona para tí mujer
con esa misión encarcelada y disminuida
no estás pensando en evolucionar
enjaulada todo el día deprimida
de todos casi olvidada y con la misma rutina
aceptando las pastillas
que el psiquiatra te envía
sin darte una salida
y tu con la mente más confundida y aturdida.

Como una torre de control para tí mujer
que te tienen asignada y bloqueada
para controlar el ganado en todos los campos
que para eso has sido educada.

Y esos tormentos sin flores ni jardines
te los tienen asignados con premeditación
tú sin ilusiones abnegada ajena del mundo
los niños contagiados de tu intenso dolor.

Anulada estás mujer psicológicamente
sientes ira en tu corazón no solucionan tus males
y el mundo indiferente tú silenciosa sin protestar
aumentando al país el capital con tu natalidad
empiezas a ver otras luces
que cambien tu vida para tu auténtica realización ¡ya!.

LA VIOLENCIA DEL TERROR
EN EL GÉNERO FEMENINO

El desprecio está a la vista
al género femenino
siguen matando mujeres
como un macabro destino.

Se les nota la indiferencia de los jueces
indiferencia de los organismos oficiales
y en toda la sociedad
aceptando estos crímenes
con una educación
destructora y sexista
con gran cinismo y sin piedad.

Es el dolor que tu sientes humillante
muy difícil de expresar
sin la psicología precisa
que se les pasa por alto
tu puedas morir
y sin poder hablar.

No se mueven las estructuras sociales
lo tienen bien asimilado
los poderes socarrones otorgando
y observan el caso y anulado.

No se pueden tolerar estas agresiones
la educación cambiarla leyes nuevas
bien interpretadas y a cumplirlas.

LAS NIÑAS SUBUTILIZADAS

Para la reproducción y malversación
se aprovecha con alevosía y premeditación
a unas mentes inocentes
utilizadas en estos días

Más del diecinueve por ciento de la natalidad
es de las niñas colegialas sin formar
sin saber a que se exponen por ignorar
también dejan de estudiar
ahí es donde quiere el poder llegar.

Observando estos estragos
con la tierna infancia y a callar
saliendo en estadísticas analizadas
y el problema otorgando con fatalidad.

Socarrones y observando estos políticos
a estas mentes truncadas sus ilusiones
las niñas adolescentes se quedan sin educar
las tienen utilizadas y sin el problema tratar.

Usando a estas niñas para la baja natalidad del país
para que haya natalidad hay una agresión más
no se puede caer tan bajo
y a las raíces de la educación no truncar.

Se les oculta en los colegios la biología de su organismo.
Esta educación valiosa le quieren ocultar, para truncar su vida.
Ese olvido traicionero y socarrón
de la lectura de las estadísticas del país,
es una burla más del poder dictatorial, a toda la sociedad
y cargándole a los padres estos problemas porque el colegio
a la juventud, no supo educar ni informar

¿QUÉ CALIFICATIVO LES DAN LAS MUJERES A LAS FEMINISTAS?

Las mujeres son las principales perseguidoras de si mismas
cuando conocen una mujer que trabaja en sus derechos
en lugar de colaborar las tratan de hundir
inconscientemente como si fuera un reptil
¡fuera complejos y a vivir! piensa en tí.

Casi todos los medios informativos las traumatizan
las que se defienden de ellas dicen que son extremistas
alguna tienen miedo a avanzar y aclarar sus intereses
no dicen somos todas libres y más libre las feministas
se encogen el pensamiento pero así y todo son evolutivas
mujer de hoy decide de tu vida valientemente
no te olvides de ti con una baja autoestima
con tu trabajo pagado vives como una diva.

Con ese encogimiento de tu mente mujer te autoderribas
aprende a pensar por tí misma
valórate, corta esos estereotipos impuestos por intereses políticos
para que te quieras a tí misma no con medias tintas.

Ya lo comprendes que tienes que estar sobrecogida
por la atmósfera reprimida
si te notan reivindicativa te quedas sin la ración de comida
libres para exigir como personas vivas
más del cincuenta por ciento son mujeres y casi introvertidas.

Rompe con esos miedos mujer introvertida se evolutiva
no te autoengañes más, emplea tu inteligencia adormecida
y si no estás dolorida gozas de salud mental progresiva
no estés colgada de tu amo por una comida no te engañes más
rompe esos moldes que te coartan tu vida.

LO QUE HAN CONSEGUIDO LAS FEMINISTAS Y LO QUE QUEDA POR CONSEGUIR, TODAS COLABORAREMOS

Las mujeres feministas con su inteligencia elevada
con la constitución aprobada su inteligencia valorada
el artículo catorce así lo define
igualdad de derechos y oportunidades para todas/os.

Las mujeres del mundo
debemos el derecho del voto de la mujer
a la mujeres feministas francesas
luchadoras-guerreras y muchas víctimas de la muerte
por enemigas/os detractores y traidores.

Un treinta por ciento menos de dinero
se le paga a la mujer-infravalorada en la empresa privada
con desigualdad de la mujer de la empresa estatal
equiparar los sueldos es deber de la sociedad
falta el derecho a la remuneración
del trabajo de la mujer en el hogar
abnegada-marginada-olvidada e infravalorada exígelo ¡ya!.

Las mujeres feministas luchadoras
eje de las reinvidaciones para la mujer
han conseguido el voto para ellas
la igualdad en todos los estamentos de la sociedad
la planificación de tus hijos
el derecho a la epidural para ayudarte a parir
el divorcio como recuperación de la salud mental y familiar
el derecho a ser libre
el derecho a ser tú misma
el derecho a tus bienes privativos heredados
te lo tenían prohibido y tu coartada ahora ya puedes hablar
hay libertad de expresión no te ahogues más.

NECESITAMOS EL 50% DE MUJERES EN EL PARLAMENTO

El derecho a trabajar las mujeres en política
hay que reforzar con el 50% que nos pertenece
vamos a dialogar con igualdad
a igual talento e igualdad en todo en todos los campos
el derecho a reivindicar los abusos por ser mujer
la igualdad en el parlamento para así la justo aplicar .

Para divertimento de señores no tres mujeres al parlamento
que de ahí viene la desvalorización
si al 50% de mujeres en todos los campos de la sociedad
la dependencia es la ruina para la dignidad.

El derecho al trabajo remunerado con igualdad
pagado en igual cantidad
mamá matricularme en la universidad ¡ya!
espíritu crítico deberías tener
valorarte tu mujer
y aprende a caminar.

No te pongas cadenas en la mente
para poder avanzar con libertad y despejada
con la dignidad de la igualdad de derechos
y juntos a trabajar.
igualdad de trabajo
igualdad en cobrar.

LA DISCOTECA COMO AGRESIÓN SEXISTA

Las chicas a la discoteca contentas e ingenuas
que gratis vas a pasar mujer objeto
para que sirvas de gancho económico
para el empresario euros ganar al completo.

Con tu cuerpo bien adornado
y sin el trasfondo que tiene ¡tu joven lo ignoras!
van los varones a observarte
¡ay! ¡cómo se ponen a mirarte!.

Y tu muy agradecida bajo tú ignorancia
es el día de la mujer
sin pensar ella el porqué de la gratuidad
y no sabes el desprecio de la ingratitud
te miran con un desdén
desvalorizada estás y pisoteada tu dignidad.

Saben que asistes gratuito
como una limosna te dan
porque así piensan que te sientes ensalzada
tienen una psicología enfermiza
cuando saltas ante ellos expones tu ignorancia
bailas tan entusiamada que tu interior no capta
porque con estas deficiencias es difícil de creer.

Y con tu cuerpo inocente engañado por el comerciante
entras gratis para así utilizarte
tu inocente aceptas esta traición
el artículo catorce de la Constitución te protege
es poca tu información
que la igualdad de derechos y oportunidades
te da una valoración.

LA FEMINIDAD Y LA POBREZA

Proviene de un estudio riguroso
que ya hemos dicho y explicado
que la feminidad con la pobreza asignada
no remunerada por intereses implantados.

Arrepentidas de ser las miserables
por un enfoque prolongado
la feminidad en la pobreza
también hemos otorgado.

Con hambre de todo tipo mujer
nuestro cuerpo lo ha sufrido
nuestras necesidades ocultas echadas en el olvido
utilizando el amor que le tenemos a nuestros hijos mujer
con nuestro trabajo gratuito para enriquecer al país.

Por eso este estudio mujer
ya lo hemos comprendido
no queremos que este engaño se vuelva a repetir
hemos sido abordadas impunemente
"con hambre" como un delito traicionero de todo tipo
nadándonos nuestro capital.

Quiero renovar este proyecto que casi estaba invisible
que nos han asignado sin contar con nosotras
las miserias no quiero volver a sufrir más
con mi trabajo no remunerado
así no puedo vivir
quiero cobrar mi trabajo ya
para disfrutar mi vida y mi dinero invertir

CONCURSO DE MISSES COMO FERIA DE GANADO

Un señor adinerado
como un fantasma a las chicas recopila
para divertirse observándolas
su cuerpo cuando caminan.

Todo un engranaje como lo ya expuesto
utilizadas desde niñas para que seas una mujer-objeto
seas muy fácil de domarte al completo
y con tu cuerpo inmaduro casi infantil
muchos buitres te observan para llevarte al redil.

Y con tu educación ingenua ellos buscan el perfil
a tu madre se lo escondes porque te puede reñir
y bajo tu inmadurez pronto vas a sucumbir
con el engaño del buitre que con su astucia te intenta herir
y si estás estudiando mujer casi tienes el mismo perfil
esto está oculto para ti cuando te des cuenta vas a sufrir.

Ignoras la malversación ¡mi niña!
que los señores con sus ojos brillosos
te observan de arriba a bajo con su erotismo morboso.

Te dicen que para buscarte un trabajo
te presentes como miss
una burla más a la mujer-niña-joven
que te despojan de ropa los organizadores
para obtener ellos placer
lábrate un trabajo tu mujer inteligente
no te entregues a los buitres
que es otra forma de maltratar tu dignidad

HAS SIDO LA MAL QUERIDA ¡MUJER! EN LA HISTORIA

Has sido la mal querida mujer
casi toda la vida sufriendo
con el rebaño cuidando
implantando tus amores.

Y casi en olvido te estan hechando
y esta vida de amargura
está filtrada en tu coazón
aunque intentes de olvidarte
hay dolor y con razón
esta gran malversación
que ha herido tu corazón.

Al retroceder tu mente
notas esta incomprensión
¡cuanto dolor encierras!
con tu mente atrofiada
has sido la mal querida
una historia malvada.

Con la sobreprotección que a tu rebaño inculcastes
es que los quieres tanto
no supistes valorarte
y contigo sin compasión
y en la vejez casi a olvidarte.

Índice general

Agradecimiento:	4
Prólogo	5
EL AMOR QUE NO NOS TENEMOS LAS MUJERES,	6
EN LA PRIMERA CARTILLA	7
COARTANDO TÚ LIBERTAD DESDE LA CUNA	8
ADORMECIDA MI MADRE	9
LA ADOLESCENCIA EN FRUSTRACIÓN	10
Y LOS ESTUDIOS AVANZANDO	11
PORQUE ERES UTILIZADA Y SIN PAGA MUJER	12
CON UN NEGOCIO GRANDIOSO	13
OCHO MILLONES DE TRABAJADORAS EN LAS CASAS	14
RECONOCIMIENTO DE LA MUJER	15
PARA ENTORPECER TU PSICOLOGÍA	16
LA EDUCACIÓN INTERESADA EN EUROS	17
LA MADRE ENCOGIDA ACEPTANDO	19
LAS AGRESIONES PSICOLÓGICAS E INCOMPATIBLES	20
YA ME VOY DE MI MORADA	21
EL INGENUO INCULTO ENGREÍDO	22
LA MUJER OFICIAL PARA SENTIRSE SEGURO	23
LA ENCERRONA PARA CRIAR LA PROLE	24
LOS POLÍTICOS AÑEJOS DE HOY	25
LA EDUCACIÓN DE LA AUTOESTIMA	26
ENRIQUECIENDO AL PAÍS CON TRABAJO GRATUITO	27
EL DESTINO IMPUESTO POR LA SOCIEDAD	28
ENRIQUECIENDO AL PAÍS	29
LA EXPLOTACIÓN A LA INTELIGENCIA	30
LOS BILLONES DE EUROS EN GANANCIAS	31
DEFIÉNDETE, A NADIE LE IMPORTAS TU MUJER	32
OCULTANDO EL MALESTAR DEL GÉNERO FEMENINO	33
EL EGOÍSMO EN EUROS NEGADOS	34
CERRAZÓN: IMPUESTA SERVIDUMBRE	35
LA SERVIDUMBRE ATRAPADA	36
EL DESENGAÑO FULMINANTE Y TRAICIONERO	37
DE NIÑA, TE ATRAPARON MUJER	38
UN TREINTA POR CIENTO MENOS DE DINERO	39
LA REAL ACADEMIA ESPAÑOLA DE LA LENGUA	40
ACADEMIA CANARIA DE LA LENGUA	41
MÉTETE EN MI CASA, CARIÑO	42
TE DICEN LA REINA DE LA CASA CON DEMAGOGIA	43
LAS RADIACIONES ENFERMIZAS	44
CORAZÓN ADOLORIDO AL REPLICAR	45
EL DESPRECIO PSICOLÓGICO A TÍ MUJER	46
ESPAÑA, CASI DICTATORIAL Y SEXISTA	47
ENRIQUECIMIENTO DEL PAÍS CON TU TRABAJO	48
EL SEMBLANTE ABATIDO CON LOS GANANCIALES	49
LA HUMILLACIÓN CONVENCIONAL	50
MUCHOS PADRES VAN INCULCANDO	51
EL DIVORCIO COMO LIMPIEZA MENTAL	52

DESPUÉS DE LA DESUNION "EL NÚCLEO SIN TIMÓN"	53
ESTA ES LA OTRA CARA DE LA HISTORIA	54
VAMOS A REFLEXIONAR SEÑORAS	55
LA INCOMPRENSIÓN, COARTADA IMPUESTA	56
LAS MUJERES ATRAPADAS CON DEMAGOGIA	57
LAS CAMPAÑAS DE MEJORAS POLÍTICAS	58
MUJERES SUFRIDORAS CONVENCIDAS	59
EL TRABAJO SUBORDINADO ASIGNADO	60
RECTIFICA MUJER, NO TE SIGAS ENFERMANDO MÁS	61
LA INTELIGENCIA DESVALORIZADA Y COARTADA	62
SOCAVANDO NUESTRAS MENTES DESDE NIÑOS	63
DESDE NIÑA TE MOLDEAN LAS IDEOLOGÍAS	64
ESTADÍSTICAS, VALORACIÓN Y TRABAJO	65
GUIADAS POR LA MANIPULACIÓN	66
LAS IDEOLOGÍAS TE DICEN SER BUENA	67
LO QUE LA MADRE DECÍA DE SU HIJA	68
EL PODER ES UNA TRAMPA MENTAL PARA LAS MUJERES	69
LA RENUNCIA A LA DEPENDENCIA ECONÓMICA	70
APRENDER A DECIR NO, AL TRABAJO GRATUITO	71
ORIENTACIÓN ESTUDIANTIL GANANCIAS BIEN PENSADAS	72
DAR VIDA UN HIJO ¡ES EL INFINITO!	73
DELICADA EDUCACIÓN DE LAS/OS NIÑAS/OS	74
LA RESPONSABLE SIN AYUDA	75
DESTRUCTOR DE LA EDUCACIÓN SIN IGUALDAD	76
SOCAVANDO TU MENTE	77
EL SOCORRISMO A LA MUJER SUFRIDA	78
LOS AÑOS DESTRUYEN LA IGNORANCIA	79
EL FOCO DEL MALTRATADOR	80
LA ALIENACIÓN PATRIARCAL DIRIGIDA	81
DELINEACIÓN Y ESTRATEGIAS IDEOLÓGICAS	82
EL DÉFICIT DE PARTICIPACIÓN ¡MUJER!	83
LA TRAICIÓN A LAS MUJERES EN LA HISTORIA	84
EL HOMBRE PÚBLICO Y VALORADO	85
DERECHOS DE LAS MUJERES ANULADOS	86
LA TUTELA FORZOSA NO QUIERO	87
EDUCACIÓN PARA LA DEPENDENCIA	88
LA EXCLUSIÓN SOCIAL	89
ESCLAVITUD SOCIAL PARA LAS SEÑORAS	90
TE SIENTES MANIPULADA	91
TRABAJOS NOCIVOS Y MALVERSACIÓN	92
CUANDO HACES TU TRABAJO REMUNERADO ¡MUJER!	93
LA OPOSICIÓN EXCLUYENDO	94
LA MUJER NUEVA DESCUBRIDORA	95
UNA LIMPIEZA MENTAL	96
DE MI PUEBLO ME MARCHÉ	97
LA CONSTITUCIÓN ES VIDA	98
LOS INSPIRADOS ESCRITORES ARCAICOS	99
LA CONCEJALA ACOSADA Y MALTRATADA	100
LA EDUCACIÓN POR INTERESES	101
LAS MUJERES CÓMPLICES	102
LOS SENTIMIENTOS OCULTOS	103
EL SEXISMO IDEOLÓGICO CONSERVADOR	104
LAS SUMISAS ENFERMIZAS	105

LAS INVISIBLES CALLADAS	106
TE MIRAN CON DESDÉN	107
LA LIBERTAD ES TUYA, MUJER	108
LAS CULPABLES INCOMPRENDIDAS POR INTERESES	109
EL AMOR GRANDIOSO, OLVIDADO	110
A TRAVÉS DE UN CRISTAL	111
LA MORDAZA MENTAL DESDE NIÑA	112
INSPIRACIÓN Y RENOVACIÓN; TRAUMAS	113
INSPIRACIÓN DE DIOS; RENOVACIÓN	114
LOS INSPIRADOS SEXISTAS	115
EL TRAUMATIZADO BRUTAL	116
INSPIRADAS LAS MUJERES OFENDIDAS	117
LA ASTUCIA POLÍTICA E IDEOLOGÍAS	118
EL LARGO DE TU PELO, MUJER, TE ADORNA	119
LA LIBERTAD ES PARA TÍ, SEÑOR	120
LOS SEÑORES FAMOSOS, DICEN	121
EL ABUSO DE LA JUSTICIA CONTRA LAS MUJERES	123
ESTO NO ES LIBERACIÓN, SI OCULTACIÓN	124
EL CORAZÓN ENDURECIDO DE DESPRECIO	125
EL ENGAÑO BIEN PENSADO	126
EL TRABAJO REDOBLADO CON EL EMBARAZO	127
LOS APELLIDOS DE TUS NIÑAS/OS	128
LAS TELENOVELAS ENTORPECEDORAS	129
LOS POLÍTICOS TE ENGAÑAN CONSCIENTES	130
LA CASA, UN LUGAR DE INCOMPRENSIONES	131
LA MUJER DOMADA UTILIZADA	133
GUARDERÍA INFANTILES EN LAS EMPRESAS	134
DESCONCERTADAS POR LA RUTINA IMPUESTA	135
LA MADRE DOLIDA	136
EL ENGAÑO Y TRAICIÓN SIN LÍMITES	137
EL INSTINTO DICTATORIAL CONSENTIDO	138
LAS IDEAS NUEVAS RENOVADAS	139
EL COMPLEJO DE SUPERIORIDAD EDUCACIONAL	140
INFANTIL PENSAMIENTO DESFASADO	141
¡YA! PIENSA TU VOTO	142
TRABAJO REMUNERADO ¡YA!	143
TUS VACACIONES PROHIBIDAS	144
LA DECISIÓN DE LA MUJER EMBARAZADA	145
LA SUMISA MUJER (DE MUJER A MUJER)	146
ERES EL NEGOCIO DEL PAÍS Y ¡TU,	147
LOS PALOMARES SIN JUSTICIA	148
LA VIOLENCIA DEL TERROR	149
LAS NIÑAS SUBUTILIZADAS	150
¿QUÉ CALIFICATIVO LES DAN LAS MUJERES	151
A LAS FEMINISTAS?	151
LO QUE HAN CONSEGUIDO LAS FEMINISTAS	152
NECESITAMOS EL 50% DE MUJERES	153
LA DISCOTECA COMO AGRESIÓN SEXISTA	154
LA FEMINIDAD Y LA POBREZA	155
CONCURSO DE MISSES COMO FERIA DE GANADO	156
HAS SIDO LA MAL QUERIDA ¡MUJER! EN LA HISTORIA	157

www.ingramcontent.com/pod-product-compliance
Lightning Source LLC
Chambersburg PA
CBHW081349160426
43196CB00014B/2699